Consciência em Revolução

Rosemary Salles

Consciência em Revolução

Prefácio de Waldo Vieira

EDITARES
Cognópolis Foz do Iguaçu, Paraná, Brasil
2015

1ª Edição Português – Tiragem 2.000 exemplares.
1ª Edição Espanhol – Tiragem 1.000 exemplares.
2ª Edição Português – Tiragem 1.000 exemplares.

Revisão da 2ª **edição:** Kao Pei Ru.
Diagramação: Epígrafe Editorial.
Capa: Valesca Ferreira e Ernani Brito.
Impressão: Edelbra Editora e Gráfica Ltda.

Dados Internacionais de Catalogação na Publicação (CIP):

S168c Salles, Rosemary

Consciência em revolução. / Rosemary Salles; prefácio de Waldo Vieira. 2. ed. -- Foz do Iguaçu : Editares, 2015.

248 p.

Inclui bibliografia.
ISBN 978-85-8477-006-9

1. Conscienciologia. 2. Autobiografia. 3. Recexologia. 4. Militância política I. Título.

CDD: 133

Tatiana Lopes CRB 9/1524
Bibliotecária

Associação Internacional Editares
Av. Felipe Wandscheer, 6.200, sala 107, Cognópolis
Foz do Iguaçu, PR – Brasil – CEP: 85856-530
Tel/Fax: 45 2102 1407
E-mail: editares@editares.org – *Website:* www.editares.org

Dedico este livro a todos
que desejam um mundo melhor,
mais solidário e fraterno.

Dedico, especialmente,
aos que se esforçam para construir um
"mundo intraconsciencial" melhor,
mais solidário e fraterno.

AGRADECIMENTOS

Nesta segunda edição, deixo registrados meus agradecimentos aos incontáveis amigos de todas as épocas e dimensões pela oportunidade de convivência e aprendizado. Com destaque aos amparadores extrafísicos pela presença constante em todas as fases de minha existência.

Agradecimentos eternos ao Professor Waldo Vieira pela oportunidade de acessar ideias de ponta da Conscienciologia nesta vida e pelas sempre lúcidas palavras em diversas ocasiões nas quais um esclarecimento se fez necessário.

Ao IIPC pelo descortínio às informações sobre a ciência Conscienciologia e pelos onze anos de voluntariado que proporcionaram incontáveis momentos de reflexões e convivialidade com o grupo evolutivo.

Ao CEAEC pela acolhida e pela oportunidade de convivência com os cognopolitas intermissivistas no neoverponário conscienciológico cotidiano. Em especial ao seu mais antigo voluntário Moacir Gonçalves, pelo apoio incondicional em minha vida.

À minha família, especialmente aos meus pais Alzemiro Rufino de Matos e Zenilda Salles Rufino, pelo sustentáculo intrafísico desta vida; e a meus irmãos Roziley Salles Rufino e Glayson Salles Rufino, pelo companheirismo e afeto.

À família Epígrafe pelo inestimável suporte conscienciográfico, através de meus amparadores intrafísicos Gisele Salles e Ernani Brito.

Aos colegas da Editares por viabilizar esta publicação, especialmente às amigas Sandra Tornieri e Valesca Ferreira. Aos revisores desta segunda edição Ana Maria Bomfim, Cesar Cordioli, Cristiane Aranda, Giséllе Razera, Kao Pei Ru, Renzo Rocha e Tânia Guimarães, pelas valiosas contribuições.

Aos amigos evolutivos Ary Caldas e Milces Caldas, minha gratidão pelo valor incalculável da assistência, amizade e carinho.

SUMÁRIO

AS REVOLUÇÕES CONSCIENCIAIS VIVENCIADAS

PREFÁCIO

MANUAL DE PARAPOLÍTICA

Política. Assim como a Filosofia, a Política é indispensável na senda da evolução de nossas vidas humanas. Apoliticidade é omissão deficitária. Contudo, a Política pode ser exercida dispensando os paliativos sangrentos das interprisões grupocármicas milenares, envolvendo as multidões gementes, os idiotismos culturais e os lixões mentaissomáticos.

Testemunho. Esta obra de estilo acessível e elevado adestramento das ideias – *Consciência em Revolução* –, da Professora Rosemary Salles, é um testemunho singular de vida e transformação que recomendamos a todas aquelas conscins interessadas na própria reciclagem intraconsciencial.

Reperspectivações. O texto aponta a trajetória de reperspectivações de uma ativista política, uma agitadora cultural de cérebro jovem, bem articulado e de alto nível de comunicabilidade.

Manual. Este é um *Manual de Parapolítica,* um esforço sem precedentes, pioneiro em bases conscienciológicas, cosmoéticas e explícitas, que surge no holopensene das Sociedades Humanas, a caminho do Estado Mundial.

Análise. A jovem militante brasileira foi muito bem-sucedida nesta primeira análise nua e crua da consciência política, elaborada sem recapear clichês, mas segundo a autoconscienciometria, oferecida à comunidade de leitores lúcidos, críticos e interessados na autopesquisa.

Contenção. Este depoimento evidencia que os extremismos e radicalismos dos conspiranoicos, próprios dos arroubos da juventude, podem ser contidos e ultrapassados por qualquer um, homem ou mulher, cosmoeticamente, pela autorreflexão ativa e a autopesquisa.

Prioridades. Os cultores da Politicologia e da Sociologia têm aqui, em poucas páginas e afirmações singelas, uma fonte límpida para pesquisas do microuniverso de uma jovem pioneira, corajosa e inovadora, sobre as prioridades mais evoluídas que podemos optar nesta vida intrafísica transitória.

Recéxis. Agora, as bandeiras de luta da conscin são outras e alcançam a reciclagem existencial, no mínimo, através de 6 *autocirurgias:*

1. **Tares.** A troca do trabuco, da borduna e do tacape da imaturidade psicossomática pela tarefa do esclarecimento da maturidade mentalsomática, dando um sentido eterno ou continuado à própria existência.

2. **Assistenciologia.** A permuta do ataque e das batalhas dialéticas da correligionária pela assistência fraterna às minorias esquecidas e às classes deserdadas, vivenciada sem pieguices, patetices ou misticismos, sobrepujando a si mesma, ao extirpar os subprodutos do porão consciencial das próprias *performances. Assistencialismo político* do populismo não é *assistencialidade cosmoética.*

3. **Universalismo.** A ascensão da filiação a um partido, ou parte, das personalidades convulsas em contrafluxo intrafísico, para o todo integrado do Universalismo ou transnacionalismo das personalidades libertárias em pró-fluxo cósmico.

4. **Projeciologia.** A mudança do *PC,* ou Partido Comunista, dos incendiários do belicismo e da visão camponesa da vida, para a *PC,* ou Projeção Consciente, dos bombeiros da pacificação e da cosmovisão da multidimensionalidade da vida estuante, sem alienação humana.

5. **Projetabilidade.** O revisionismo da *Rose do PT* (Partido dos Trabalhadores) para a *Rose da PL* (Projetabilidade Lúcida), demolindo os mitos tribalistas.

6. **Maxiproéxis.** A clivagem ideológica da substituição das bases do *marxismo* da *asnocracia superada,* incompatível com a Cosmoética, pelas bases da *maxiproéxis* da *cosmocracia renovadora.*

Recin. Sob a ótica dos fatos expostos, a recin, ou reciclagem intraconsciencial, é a verdadeira revolução da consciência dinâmica incidindo nas linhas de fratura das desconstruções sociais pelo exemplarismo, sem a pasmaceira do retorno do mesmo.

Abertismo. Possa o autodiscernimento da abertura de vertente desta obra, alcançar cada vez mais as personalidades humanas, líderes e liderados, ainda engajados ilusoriamente nas repetições dispensáveis dos excessos do poder humano, fugaz e infantilizador.

Waldo Vieira

Holociclo, Foz do Iguaçu, PR, 06 de outubro de 2002.

APRESENTAÇÃO

Ao iniciar este livro, os primeiros questionamentos foram sobre o principal objetivo de escrever a meu próprio respeito e a quem direcionar esta história de vida.

Chegar à conclusão não foi difícil. O resultado das autoexposições me proporcionariam uma satisfação íntima de estar contribuindo, de alguma maneira, para, a partir do relato pessoal, outras pessoas patrocinarem renovações e reperspectivações em si mesmas.

Com uma sequência descritiva ampla em termos de experiência pessoal, exponho sobre a atuação nos *Movimentos Revolucionários,* os fatos geradores de uma mudança de vida e minha realidade atual, a partir do conhecimento a respeito da Conscienciologia[1].

Minha incursão através de concepções ideológicas *de esquerda* e a posterior opção lúcida pelo avanço científico da Conscienciologia serão as bases deste livro. Em função disso, fundamento-o teoricamente nesta "ciência da consciência", adotando neologismos específicos que, visando facilitar a compreensão, têm os seus conceitos e definições inseridos no texto, em notas de rodapé ou em glossário específico.

Com o intuito de torná-lo mais didático, divido-o em partes, delimitando períodos marcantes e representando distintas maneiras de analisar e conduzir a vida. Em cada uma das partes, os acontecimentos foram reunidos em capítulos afins com determinado assunto ou elemento em comum mais relevante, de modo atemporal porque interagiram. Diversos fatos

---

1 A Conscienciologia é a Ciência que estuda a consciência de maneira integral, abrangente, envolvendo os vários corpos, as várias dimensões, as várias existências ou vidas intrafísicas e as suas reações perante as energias primárias ou puras e as energias das outras consciências, bem como em sua atuação intrafísica, extrafísica e projetada.

ocorridos simultaneamente foram relatados em separado e por este motivo, as datas deixaram de ser mencionadas.

Foram omitidos eventos comprometedores e nomes de pessoas de meu convívio, visando a preservação das identidades, não significando falta de reconhecimento, carinho e gratidão, mas respeito à contribuição de todos.

Constitui-se o objeto desta pesquisa minha própria consciência, neste contexto utilizada como sinônimo de ego, essência, *self*. Procuro manter o foco nesta *autopesquisa participativa*. As vivências são analisadas o mais minuciosamente possível a fim de serem extraídos aprendizados relevantes e exemplarismos positivos.

Inicio com uma breve retrospectiva da infância e adolescência, no intuito de contextualizar a trajetória desde o princípio desta vida, demonstrando os resultados e consequências da falta de discernimento nas escolhas e decisões pessoais.

Detalho o período universitário e a atuação nos *movimentos de esquerda*, empenhando-me em reproduzir, com o máximo de fidelidade, os termos utilizados na época – por meio de aspas ou itálicos – e o que realmente pensava e acreditava. Os episódios foram vivenciados com muita energia, muita vontade de fazer *justiça social* e de *lutar* por uma sociedade mais humana e solidária.

Enfoco nas vivências pessoais em relação à participação nesses *movimentos*, desviando-se de meu objetivo a perquirição quanto às organizações populares, partidos políticos e sistemas de governo.

Utilizo a palavra *movimento* apenas com o sentido empregado na época pelos militantes, para designar os *movimentos* e *organizações* em geral, seja de estudantes, de sindicalistas, de comunidades ou outras formas de organizações sociais. O mesmo vale para o vocábulo *entidade*, numa acepção de instituições, órgãos, federações; e o termo *organização* significando agrupamentos, associações, categorias organizadas dos movimentos sociais e populares.

O emprego das palavras *militância* e *militante* também será constante, no sentido de participação voluntária, atuação ideológica. O termo *ativista,* apesar de ser considerado um sinônimo, era atribuído às pessoas envolvidas no voluntariado em ONGs (Organizações não-governamentais) desvinculadas dos partidos e *movimentos de esquerda.* Entre si, os militantes se tratavam usando os termos *companheiros* e *camaradas.*

Os vocábulos *esquerda* e *direita* são "designações correspondentes à posição relativa das bancadas na Assembleia Francesa: os socialistas e seus aliados sentavam-se nas poltronas situadas do centro para a esquerda da Mesa; os seus opositores – inclusive para evitar excesso de proximidades com os adversários – ocupavam as cadeiras do outro lado do corredor que dividia o plenário. Daí foi um passo denominarem-se as bancadas 'de esquerda' e 'de direita'."[2] Na militância política, era usual o emprego destes termos, mesmo com alguns cientistas contemporâneos considerando-os inadequados e até mesmo ultrapassados.

Descrevo neste livro o momento mais crítico e decisivo desta vida, fator desencadeante para as mudanças de concepções e o início de uma nova fase de autopesquisa.

A noção de *autopesquisa participativa* engloba as seguintes participações: desta autora, na condição de *amostra, cobaia* ou realidade a ser investigada; dos colaboradores, partícipes diretos ou indiretos dos episódios e dos registros desta história de vida; e dos leitores, foco principal desta obra. Aos últimos, a sugestão é o aproveitamento das informações aqui contidas para

---

2 Farhat, Saïd; *Dicionário Parlamentar e Político: o Processo Político e Legislativo no Brasil;* 1996.

a renovação de conceitos e pensamentos sem passividade, estabelecendo comparações e empregando as ideias apresentadas em si mesmos, na posição de leitor-autopesquisador-participante.

Dando continuidade às vivências, apresento a individualidade que sou no momento da conclusão deste livro: uma consciência em evolução, aspirante a desenvolver-se e aperfeiçoar-se cada vez mais profundamente. Ao assumir um novo paradigma pessoal, apresento pretensões de trabalhar a mim mesma para prestar uma assistência mais lúcida à humanidade, diferente de querer "mudar o mundo" sem levar em consideração o momento evolutivo de cada um.

Analiso, sob o paradigma consciencial, que as mudanças devem partir de cada consciência, individualmente. Deste modo, a transformação da sociedade ocorrerá sem "conflitos" entre classes sociais, mas a partir de conflitos íntimos geradores de mudanças em cada um de seus elementos.

Conforme vou constatando quão diferentes são as formas de pensar no passado e no momento presente (momento da conclusão desta obra), vou inserindo no texto, abordagens de acordo com a avaliação presente dos fatos. Os relatos são entrecortados com análises conscienciológicas.

Estão incluídas, nesta segunda edição, algumas experiências que corroboram com as análises feitas anteriormente, demonstrando as oportunidades inseridas na vida para a análise e a atuação de maneira diferenciada.

Historio as *Revoluções* e *Evoluções* que fui capaz de promover em mim mesma, ex-militante da *esquerda revolucionária* no Brasil. E com o intuito de levar o leitor a *viver* comigo estas experiências, ofereço um convite aberto ao questionamento em uma leitura crítica – seus comentários e sugestões serão bem-vindos[3].

---

3 Contato com a autora: conscienciaemrevolucao@gmail.com

Espero que este livro possa servir de instrumento para pesquisas sobre os temas: *movimentos revolucionários, populares, sindicais, estudantis* e *político-partidários*. Espero, ainda, possa servir de agente motivador para as *Revoluções Intraconscienciais* a todas as pessoas predispostas a promovê-las.

O sonho de transformar uma sociedade
pode se tornar a realidade de transformação
de cada um de seus integrantes em
"revolucionários" de si mesmos,
"cidadãos" do universo,
"patriotas" da multidimensionalidade,
"militantes" ativos das Revoluções Intraconscienciais.

Os Passos Iniciais Nesta Vida

"Cada um sabe a dor e a delícia
de ser o que é."
(Caetano Veloso)

Frase-síntese de como sentia-me neste período.

DESPERTANDO NUMA NOVA VIDA

INFÂNCIA

Nasci em uma família de classe média, na cidade de Campo Grande, estado de Mato Grosso do Sul (MS), no Brasil.

Meu pai, hoje também escritor[4], é militar da reserva e multidotado em diversas áreas da engenharia, na qual, em suas horas de folga, atuou paralelamente ao seu vínculo com o exército. Muito trabalhador, nunca mediu esforços para proporcionar conforto e segurança à nossa família.

Minha mãe, esposa e mãe dedicada, é um exemplo de autodidatismo e assistencialidade.

Ambos legaram aos filhos os valores de boa índole, honestidade, esforço e responsabilidade.

Sou a mais velha de quatro irmãos: eu, duas irmãs e um irmão caçula, nascido quando eu já estava com 17 anos. Portador da Síndrome de Down, meu irmão causou mudanças de valores no núcleo familiar, exigindo o aprendizado constante a partir de uma nova realidade: a convivência com alguém *diferente.*

Extremamente carinhoso, ensinou o significado da troca de afeto e constituiu um divisor de águas na vida familiar. Depois de seu nascimento, todos, com exceção de mim, se dedicaram à descoberta da espiritualidade, ao aprofundamento de conceitos sobre vida após a morte, técnicas de doação de energias[5] e ajuda aos semelhantes.

---

4 Meu pai, neste ano de 2014, publicou sua autobiografia no livro *Vida: Oportunidade de Aprender*, pela Editares.

5 Segundo a Conscienciologia, no Universo existem duas realidades: a consciência e as energias. A consciência se utiliza das energias para se manifestar.

Sempre em contato maior com o lado materno de uma grande família, tive uma infância bastante agradável. Brinquei muito, possivelmente acima do considerado normal para minha idade. Esperava ansiosa os finais de semana para me divertir com os primos.

Aos domingos, a presença era frequente na casa de minha avó materna, que representava o centro da família e se destacava por ser *benzedeira*[6]. Todos da vizinhança a conheciam e a respeitavam por este motivo. Eu era muito magra, sendo alvo de preocupações com a alimentação, tornando-me uma criança mimada, principalmente pela minha avó.

Sentia-me diferente das irmãs e primos, apesar da forte integração entre nós. Minha avaliação durante a adolescência era o fato de ter sido a primeira neta dos avós paternos e maternos e ter me sentido ameaçada pelo restante das crianças porque ia deixando de ser o centro das atenções a cada nascimento de crianças na família.

Tinha a "sensação de estranheza ao ambiente e/ou às pessoas e sentimentos de inadaptação"[7]. Simplesmente uma "estranha no ninho", como se fosse de outro planeta ou de outra procedência. Acreditava que era filha adotiva, pois não me sentia parte daquela família, sentia-me diferente de todos.

Nesta fase, por estes sentimentos, identifico alguns sintomas da *Síndrome do Estrangeiro,* possivelmente relacionados com o fato de estar cronologicamente próxima do período de meu renascimento na Terra. Tinha saudades de quando estava em uma outra dimensão, diferente desta dimensão intrafísica, na qual todos vivem, sentindo-me inadaptada a esta nova realidade

---

6 Minha avó doava suas bioenergias com a finalidade assistencial. O ato de *benzer* consiste em orações e exteriorizações inconscientes de energias atribuídos a dons divinos e passam de geração a geração. Hoje sabe-se que, pela impulsão da vontade, qualquer pessoa pode dominar as próprias bioenergias e promover quaisquer atos de exteriorizações, absorções ou circulações das mesmas.

7 Balona, Málu; *Síndrome do Estrangeiro;* 1998.

e sem conseguir traduzir ou expressar estas sensações. Parto do seguinte princípio: sou uma consciência que já viveu várias vidas (multiexistencialidade) através de renascimentos sucessivos.

Sempre estive em melhores condições, quando comparadas com minhas irmãs. Tinha privilégios ao escolher brinquedos, roupas e materiais escolares, porém, não reconhecia a contribuição e o esforço de meus pais.

Bastante dengosa, conseguia o almejado na base da chantagem, pois sabia que dava resultado. Tudo deveria ser exatamente como desejava, caso contrário, minha paciência chegava ao limite e se tornava difícil estabelecer qualquer diálogo. Ficava irritada à toa e brigava com minhas irmãs e primos tornando-me uma pessoa difícil de se conviver.

Detestava seguir normas pré-estabelecidas do tipo: "isso pode, isso não pode; isso deve, isso não deve". Indignava-me em receber ordens ou precisar executar algo não planejado. Era insuportável para mim o autoritarismo, apesar de constatar traços de autoritarismo em minha personalidade.

Passei a ter fama de ser "chata" e por estes motivos, considerava-me a "ovelha negra" da família.

Hoje, estou ciente de ter manifestado alguns comportamentos típicos do porão consciencial – uma "fase de manifestação infantil e adolescente, até o fim da puberdade, onde predominam os instintos e os apetites primitivos da consciência renascida."[8]. Tais atitudes instintivas dizem respeito, principalmente, a comportamentos egocêntricos, como: ciúmes, insegurança, inveja e orgulho[9].

---

8 Vieira, Waldo; *Projeciologia: Panorama das Experiências da Consciência Fora do Corpo Humano;* 2002.

9 Na fase do porão consciencial, ocorre uma expansão destes sentimentos mais imaturos. A tendência, com a aquisição de maturidade, é o desenvolvimento de sentimentos mais altruístas, menos egoístas. Dependendo da pessoa, o porão consciencial pode variar em intensidade e tempo de duração. A superação de determinado comportamento pode levar apenas um período de tempo, uma vida inteira ou várias vidas.

Em relação aos estudos, meus pais ensinaram-me a ler e escrever antes de matricularem-me na escola, precocemente. Fui aluna aplicada até a 4ª série do ensino fundamental, quando tirava nota máxima em todas as matérias e era elogiada pelos professores, apesar de não gostar de frequentar as aulas e chorar para não ir à escola.

A partir da 5ª série, mudei de cidade e senti muita dificuldade de adaptação à nova didática, começando um histórico de aluna relapsa. Passava na base da *recuperação de notas* e dava muita *dor de cabeça* a meus pais, bastante preocupados com a educação dos filhos.

Morei em Corumbá, divisa com a Bolívia, e em Humaitá, no estado do Amazonas. Nesta última, eu e minha família organizamos um *Dicionário Amazonense,* onde íamos anotando todas as palavras diferentes de nosso vocabulário.

Tive oportunidades para conhecer culturas diferentes, o que tornou minha infância bastante diversificada e com inúmeras experiências.

Viajei bastante com meus pais e irmãs para passear em fazendas de familiares e amigos de meu pai, mas também para outras cidades. Viajei de trem, carro, balsa, barco, avião e caminhão, nesta ordem.

Realizava também outras formas de viagem, as viagens astrais (projeções da consciência, desdobramentos). Saía, ou me projetava, de meu corpo físico para atuar em outras dimensões.

A primeira projeção da consciência rememorada foi aos seis anos de idade. Percebi-me flutuando sobre uma árvore existente nos fundos de minha casa, enquanto meus pais e irmãs ficavam olhando e acenando lá de baixo.

No momento da projeção, tinha certeza de não estar sonhando e questionava o motivo de não poder *voar* quando acordava.

O que me leva a concluir tratar-se de projeção consciente e não de sonho comum são as características de realidade, enredo lógico e coerente, utilização do raciocínio no momento da projeção e certeza íntima absoluta do fato. Diferente do sonho, onde as imagens são desconexas, esdrúxulas e não se pode conduzir os fatos pela vontade.

Ainda relacionado com as projeções da consciência está um trauma de infância causado por uma sensação de abandono sentida quando pensei que meus pais haviam saído de casa e me deixado sozinha. Eu chorava e gritava da janela ao ver o carro se afastando.

Depois de adulta descobri que isto jamais aconteceu, não exatamente como imaginava. Minha mãe garante nunca ter deixado nenhum dos filhos sozinhos em casa, mas algumas vezes levava-nos dormindo no carro.

Ocorria de me projetar durante o sono, saindo do corpo físico de maneira lúcida, manifestando-me em outra dimensão. Projetada no quarto, ao ver o carro saindo, tinha a impressão de ter ficado e não percebia meu corpo adormecido sendo levado nos braços de minha mãe.

Às vezes, quando se está vivenciando o fenômeno da projeção, a experiência ocorre com tanto realismo que se pensa estar acordado, mas, ao despertar, constata-se ter sido uma projeção da consciência.

Quando criança, meu nível de lucidez e maturidade impediam-me de chegar a estas conclusões e a vivência em diferentes dimensões causava-me confusão. Confundia a dimensão intrafísica, na qual estava inserida durante o dia, e a dimensão extrafísica, na qual atuava sempre com meu corpo físico adormecido.

Outra situação traumatizante ocorreu quando fui morar em Corumbá e uma das casas vizinhas foi desocupada. Lembro-me de ter ido até lá, junto com outra criança, para ver a casa vazia e, ao abrir a porta de um cômodo isolado no quintal, deparei-me com algo que simplesmente apaguei da memória, não me recordo mais. Lembro-me de ter sido muito assustador e não ter conseguido dormir por várias noites.

Depois de adulta, intrigada com o fato de não me lembrar do que vi naquele quarto, viajei para esta cidade a fim de montar um cenário e tentar rememorar o ocorrido.

Fui até o local com uma amiga e ela relatou sobre minha aparência pálida ao ir me aproximando. Senti calafrios e muito medo.

Infelizmente, o atual morador não pôde abrir o cômodo, impossibilitando a tentativa de relembrar o que ocorrera atrás da tal porta traumatizante. Minha viagem havia sido em vão, mas foi determinante para reforçar a necessidade da coragem em todas as situações da vida.

Fatos como estes ajudam a pensar na importância de não subestimar as experiências infantis porque muitas pessoas reprimem o parapsiquismo devido à incompreensão sobre os fenômenos e suas consequências na adultidade.

ADOLESCÊNCIA

A fase da adolescência não foi fácil. Sentia-me horrorosa e via defeito em todo o meu corpo. Uma de minhas irmãs, apesar de mais nova, era mais madura e ouvia as lamentações quanto ao meu complexo de inferioridade.

Havia uma união tão forte entre nós a ponto de nos comunicarmos de modo não-verbal. Bastava um olhar e uma já sabia o pensamento e o sentimento da outra. Brincadeiras de adivinhação eram frequentes pois ambas eram cientes de possuir este potencial de maneira inata.

Nos momentos de atrito, esquecia desta amizade e afinidade. Brigava muito com minhas irmãs e sempre queria estar com a razão. Os conflitos eram frequentes. Havia uma grande fúria dentro de mim, qual um vulcão pronto para explodir a qualquer momento espalhando lava para todos os lados. As lavas eram palavras grosseiras, portas batidas com violência ou mesmo o silêncio permanente por longo tempo.

Imagino hoje a decepção sentida pelos meus pais quando tentavam me orientar para algo porque era sempre em vão e com as mais diferentes reações de minha parte. Eu era chamada de "a revoltada".

Tinha fantasias de encontrar um *príncipe encantado*. Pensava que estar com alguém resolveria todos os meus problemas e superaria estas dificuldades de relacionamento com minha família. Na época, não tinha noção sobre a vivência familiar ser uma das melhores oportunidades de reconciliações e aprendizados oferecidos nesta vida.

Era supersticiosa e acreditava em *simpatias,* as quais fazia sempre para tentar descobrir se havia algum menino da escola interessado em mim. Avaliando hoje, concluo terem minhas bioenergias interferido nos resultados das *simpatias*, inconscientemente direcionava para o desejado.

Cheguei a fazer uma *simpatia* para ver se iria me casar com um cantor, ídolo da época e, por incrível que pareça, deu positivo. Desejei tanto e o resultado foi o esperado. Desconhecia o fato das próprias energias do energossoma[10] interferirem nos resultados de minhas experiências.

Descobri que podia *brincar* com as bioenergias pela vontade. Lançava-as de um lado para outro – direita para esquerda e vice-versa – e me sentia como se estivesse balançando numa rede, estando fisicamente deitada na cama. Com o relaxamento do corpo físico, havia soltura no energossoma expandindo as energias e ampliando as parapercepções (percepções além dos sentidos físicos). A partir desta soltura, era mais fácil sentir a movimentação das bioenergias de um lado a outro.

Frequentemente tinha estas sensações, principalmente antes de me projetar para fora do soma – ou corpo físico, corpo biológico.

Tive várias projeções da consciência na adolescência, ficando sempre pouco acima do soma. A sensação era maravilhosa, de extrema leveza, como se fosse uma pluma no ar.

O balançar de minhas bioenergias era voluntário, comandado pela vontade, mas as projeções eram espontâneas. Geralmente, já me percebia flutuando em cima do corpo entre uma sensação imensamente prazerosa e o desespero ao pensar na possibilidade de não mais retornar ao soma.

Dificilmente dormia na posição de decúbito dorsal (barriga para cima) por medo de me projetar para lugares distantes

---

10 Segundo a Conscienciologia, a consciência se manifesta através de quatro veículos, ou corpos: o soma (corpo físico, biológico); o energossoma (corpo energético, holochacra); o psicossoma (corpo emocional) e o mentalsoma (corpo do discernimento). O Energossoma, ou Holochacra, é responsável pela interação energética entre a Natureza, o Cosmos e as consciências entre si. É formado por um conjunto de *chacras*, vórtices que movimentam-se absorvendo e exteriorizando as bioenergias.

e não saber para onde iria e o que poderia ocorrer. Hoje percebo a falta de fundamento deste medo porque existe um elo energético, com o nome de cordão de prata, mantendo a conexão entre o corpo físico e o corpo que se projeta levando a consciência para outras dimensões, independente da distância entre eles. Este elo é interrompido apenas com a morte biológica, continuando a vida da consciência sem o corpo físico.

Existem técnicas projetivas[11] para a saída do corpo a partir da posição de decúbito dorsal. Desperdicei oportunidades de vivenciar experiências fora do corpo por insegurança e por falta de informação.

Através das projeções da consciência, pode-se adquirir conhecimento a respeito de si próprio, das capacidades e potencialidades superiores à manifestação no corpo físico. Pode-se estabelecer alvos mentais de locais a visitar, experimentos a realizar e informações a acessar de outras dimensões.

Exageradamente medrosa, tinha medo de *lobisomem, saci-pererê* e *fantasmas*. Como tinha muita autoculpa pelos meus atos, pois não me considerava uma filha exemplar, achava que todos viriam me *pegar*. Era difícil conseguir dormir à noite quando ouvia uma "história de assombração".

O pavor me dominava a ponto de ficar dias lembrando dos relatos. Estes medos poderiam ser relacionados à mesologia e à falta de acesso a informações sobre a multidimensionalidade (existência de infinitas dimensões).

Vários destes fenômenos parapsíquicos por mim vivenciados: a projeção da consciência e a mobilização das bioenergias chamavam-me a atenção e despertavam-me a vontade de cursar a faculdade de Parapsicologia.

---

11 Técnicas para projeção da consciência com lucidez e posterior rememoração já encontram-se divulgadas ao público em geral – o livro *Projeciologia: Panorama das Experiências Fora do Corpo Humano* do médico Waldo Vieira é um tratado sobre esta ciência, o mais completo publicado até o momento dentre a bibliografia internacional.

Procurava respostas aos questionamentos: existiriam realmente as ocorrências sobrenaturais ou seriam resultados de imaginação e fantasia? Se fossem fantasias, por que havia tantas pessoas, de diferentes origens, relatando histórias similares às experiências vivenciadas por mim e tantas outras sobre efeitos além das possibilidades físicas?

Como inexistia o curso de Parapsicologia no estado de MS, desconsiderei a possibilidade de cursá-lo no Paraná, onde era ministrado.

Desisti facilmente de seguir a própria vontade porque era bastante indecisa e, além disso, na fase da adolescência, há certa instabilidade emocional e dúvidas quanto ao futuro, não sendo eu uma exceção.

Pensei em prestar vestibular para Psicologia, visando tentar entender as pessoas, o que as levava a pensar, sentir e agir de determinada maneira. Lembro de alguém me dizer: "quem faz o curso de Psicologia busca a resolução dos próprios problemas". Eu não estava distante disso, possuía também uma necessidade de descobrir mais sobre mim mesma e pensava que esta poderia ser uma boa segunda opção.

O curso de Psicologia era oferecido por uma Universidade particular, no período matutino, estando fora dos meus outros planos porque também desejava começar a trabalhar e ganhar meu próprio dinheiro.

Desisti novamente e precisei optar entre dois outros cursos. Um deles era Farmácia-bioquímica, relacionado com a área de saúde na qual já estava inserida há dois anos, quando havia ingressado no voluntariado da Cruz Vermelha[12], juntamente com minhas irmãs e primos.

---

12 *"[...] sociedade de socorro voluntário, auxiliar dos poderes públicos e, em particular, dos serviços militares de saúde"* (Fonte: Decreto nº 4.948 de 7 de janeiro de 2004). Fundada no Brasil em 5 de dezembro de 1908 na forma prevista nas Convenções de Genebra de 1864 e 1900 e regulamentada pela Lei Federal nº 2.380 de 31 de dezembro de 1910.

Ciências Econômicas era o outro curso que agradava, por ter começado a gostar de Matemática no pré-vestibular. Neste último, eu poderia trabalhar durante o dia e pagar as mensalidades.

Depois de várias incertezas, decidi me tornar uma economista e, só no decorrer da faculdade, constatei não ter este curso uma relação direta com a Matemática e nem com os cálculos, como imaginava. Havia mudado completamente de rumo em relação ao desejado intimamente: entender sobre os fenômenos vivenciados (Parapsicologia) e entender sobre mim mesma (Psicologia).

No momento da matrícula para a Universidade, dei o primeiro passo para o desvio de minha programação de vida ou proéxis[13]. Admito a hipótese das consciências em evolução, terem (ou estabelecerem) metas para cada nova vida. Cada um sabe, intimamente, o que tem a realizar, mas nem sempre se lembra ou prioriza o indispensável porque, dentre outros fatores, dá atenção excessiva às necessidades de sobrevivência e bem-estar do corpo físico e adquire condicionamentos impostos pelo grupo ou sociedade na qual está inserido.[14]

Os fatos que me levaram a esta conclusão, o leitor entenderá melhor conforme exposição das fases ou situações que conduziram-me a um caminho diferente daquele para o qual já tinha uma noção nas fases da infância e adolescência.

---

13 *"**Proéxis** (pro + exis) – Programação Existencial específica de cada consciência em sua existência intrafísica. São as metas e objetivos que planejamos na dimensão extrafísica antes de renascermos para executar na próxima vida na Terra."* (Vieira, Waldo; *Projeciologia: Panorama das Experiências Fora do Corpo Humano;* 2002).

14 Ao renascer, sofre-se um restringimento das informações presentes na memória integral ou holomemória – aquela memória envolvendo toda a história em todas as vidas neste ou em outros planetas. Nem sempre se possui um nível de maturidade suficiente para rememorar fatos negativos ocorridos em outras vidas sem causar interferências nas relações presentes. O acesso às vidas passadas e à proéxis raramente ocorre de maneira natural e espontânea, exigindo-se esforço para promovê-lo pela vontade. Pode ser perceptível a sensação íntima de cumprimento ou não destas metas, causando satisfação ou insatisfação sem causa aparente.

A Sonhada Revolução Social

"Não é a consciência que determina a vida,
é a vida que determina a consciência."
(Karl Marx; *A Ideologia Alemã*)

Frase-síntese de como pensava neste período.

MILITÂNCIA POLÍTICA

FACULDADE E MOVIMENTO ESTUDANTIL

Nova etapa estava se iniciando em minha vida ao ingressar na Universidade e este fato não me fazia esquecer da timidez, resultado de baixa autoestima. Assistia às aulas sentada na última cadeira, no final da sala, e quase não falava com ninguém.

Aos poucos, fui adaptando-me à nova realidade de acadêmica e formando algumas amizades, dentre as quais, um *simpatizante* do movimento estudantil.

Ainda no primeiro ano de faculdade, este amigo me convidou para participar de uma reunião para a composição de uma chapa que iria concorrer ao Diretório Acadêmico[15] de Economia (CAECO).

Estavam presentes na reunião as lideranças do movimento estudantil que sempre via pelos corredores da Universidade e eu era a única naquela sala a não estar inserida neste *movimento.* As pessoas estavam me convencendo, ou eu estava me permitindo ser convencida, a aceitar um cargo para a Secretaria do Diretório.

O número de acadêmicos presentes era insuficiente para se *montar* uma chapa e senti um enorme complexo de culpa ao pensar na possibilidade de não sair a chapa caso não aceitasse e fui sendo seduzida pelos argumentos utilizados.

Coloquei um peso enorme em meus ombros e tomei a decisão de aceitar, mesmo não me sentindo capaz. Ao decidir,

15 Diretório Acadêmico – *"Grupo de estudantes universitários eleitos em assembléia geral para, durante determinado período, defender os interesses dos alunos do estabelecimento a que pertencem."* (Ferreira, Aurélio Buarque de Holanda; *Novo Aurélio Século XX: o Dicionário da Língua Portuguesa;* 1999).

em nenhum momento prevaleceu a convicção ideológica, apenas a necessidade de atender ao proposto pelas pessoas e, principalmente, a falta de coragem de dizer "não".

O fato de não haver concorrentes nas eleições, permitiu a vitória da chapa na qual estava inserida e a partir deste momento minha vida começou a mudar.

Passei a integrar aquele grupo, o qual considerava composto por *pessoas importantes*. Tornara-me uma das *representantes* dos acadêmicos e, nesta posição, comecei a participar de reuniões para discutir assuntos referentes às questões antes totalmente sem relevância para mim, como fazer cumprir os direitos dos estudantes, buscar a melhoria da qualidade de ensino e contestar os aumentos abusivos de mensalidades.

Identifiquei possuir potenciais não imaginados, por exemplo, planejamento de reuniões, elaboração de documentos e administração de uma *entidade de base* – como eram chamadas as instituições e organizações representantes de determinada categoria ou segmento da sociedade.

Festas eram organizadas para novos acadêmicos e também reuniões com Diretórios de outros cursos para o debate sobre temas relacionados à Universidade em si e ao movimento estudantil, seja na instância municipal, regional ou nacional, seguindo as diretrizes da UNE – União Nacional dos Estudantes[16].

Pelo fato de estar num cargo de destaque, passei a ser observada pelas pessoas e a me sentir uma líder no curso de Economia – precisava ser aceita e me preocupava com o que poderia representar para as pessoas em termos de referência e liderança, escudos protetores de mim mesma.

Apoiava-me neste cargo para evitar realizar um trabalho íntimo de autovalorização. A verdadeira liderança não precisa

16 UNE – União Nacional dos Estudantes – *"Criada em 1937, é entidade representativa do conjunto dos estudantes das instituições de ensino superior existentes no país."* (Fonte: Lei Nº 7.395 de 31 de outubro de 1985; Art. 1º).

ser notada, apenas sua presença estimula todos a colaborar. O líder maduro atua diretamente nos potenciais e motivando ao cumprimento do objetivo principal do trabalho em vez de chamar atenção para si.

Meu referencial de liderança era a Presidente do DCE – Diretório Central dos Estudantes[17], na época. Eu a considerava uma líder nata, corajosa, despojada e ousada. Tinha uma admiração por ela e me senti orgulhosa de tornar-me sua melhor amiga, a partir de uma viagem para um Congresso da UNE.

Iniciei inúmeras viagens a várias localidades do país para participar de Congressos e Encontros Nacionais de Estudantes e Representantes de Diretórios Acadêmicos. Ônibus eram fretados ou passagens eram ganhas de políticos e professores. Também os valores das despesas eram adquiridos por meio de pedágios realizados pelos acadêmicos nas ruas e na própria Universidade.

Adorava estas viagens, divertia-me intensamente. Horas ou dias dentro dos ônibus eram necessários para se chegar ao destino, momento oportuno para discutir sobre os temas a serem abordados no evento ou, simplesmente, para cantar, conversar e contar piadas.

Vários colegas bebiam e fumavam durante o percurso e alguns iam além do simples cigarro. Era difícil para mim conseguir tragar a fumaça do cigarro e, em função de seus malefícios, avalio como tendo sido positiva esta dificuldade.

Bebia apenas refrigerante e cerveja porque sabia possuir uma certa facilidade para me projetar para fora do corpo e tinha medo de não voltar mais. Pensava que, ao consumir qualquer bebida alcoólica, eu me projetaria, pois as sensações de torpor

17 DCE – Diretório Central dos Estudantes – *"Entidade representativa do conjunto dos estudantes de cada instituição de ensino superior."* (Fonte: Lei Nº 7.395 de 31 de outubro de 1985, Art. 3º).

eram parecidas com as sentidas na adolescência e eu relacionava um estado ao outro. A única similaridade percebida hoje é quanto à expansão das bioenergias, causando a sensação de inchaço ou balonamento.

Hoje sei também ser desnecessário o medo de não retornar ao corpo porque todos se projetam ao dormir, mesmo não rememorando ou confundindo com sonhos comuns. A projeção da consciência é um fenômeno natural, fisiológico e ocorre com todas as pessoas durante o sono. Infelizmente a maioria da população não a promove de maneira lúcida, perdendo oportunidades de conhecimento de outras realidades além da dimensão intrafísica. Quanto à bebida alcoólica, pode induzir a projeção, porém sem controle e com baixo nível de lucidez, além de representar um dano à saúde física e mental.

Já subia nos palanques para falar ao microfone. As pessoas passaram a saber meu nome – ou apelido: "Rose, aquela do Diretório".

Fui tornando-me mais conhecida, tanto pela direção da Universidade quanto pelos alunos e professores. Todos foram se acostumando com minhas constantes visitas às salas de aula a fim de convocar para reuniões e assembleias, ou para informar sobre os acontecimentos, conquistas e *bandeiras de lutas* a serem levantadas pelo movimento estudantil.

Com o passar do tempo, fui adquirindo mais segurança no trabalho de organização do movimento estudantil e nos temas das discussões. Minha participação foi ampliando-se e decidi entrar para o DCE, abrangendo todos os cursos da Universidade.

Era mais representativo ser do DCE do que dos Diretórios Acadêmicos. Estes últimos representavam os acadêmicos dos seus respectivos cursos, enquanto o primeiro, além de abarcar todos eles, mantinha relações com outros DCEs de outras Universidades.

O processo de inserção para o DCE era o mesmo para os Diretórios: primeiro os acadêmicos se reuniam e formavam uma chapa; esta se inscrevia para concorrer às eleições diretas com outras chapas. A vencedora, assumiria a gestão do Diretório.

Desta vez, fora desnecessário outras pessoas me convencerem porque já estava inserida no *movimento* e seria natural acompanhar a formação de uma chapa, no caso, uma chapa da *situação*[18].

Nas reuniões, era feito levantamento de nomes de acadêmicos a serem convidados para compor a chapa, exatamente como aconteceu comigo ao entrar para o Diretório. Era levada em consideração, primeiramente, a participação destas pessoas nas assembleias ou o fato de serem líderes de sala e, como último recurso, simplesmente a amizade, como foi meu caso ao ingressar no movimento estudantil.

Neste momento, agi sedutoramente com algumas delas, pois também as convenci a aceitar cargos para a chapa. Houve uma inversão de papéis, estava deixando de ser passiva para me tornar ativa, representando um senso íntimo de responsabilidade em relação à decisão dessas pessoas.

O nome da chapa era "Alicerce", inspirado e fazendo referência ao movimento estudantil da década de 60. Nesta década, em virtude da ditadura militar implantada no Brasil, o movimento estudantil esteve na *linha de frente,* ou na vanguarda, juntamente com outros movimentos populares. Várias foram as ações do movimento estudantil desta época, gerando consequentes prisões, torturas e mortes, mas a capacidade de

18 Situação – *"Poder dirigente de um Estado, de uma empresa etc.; condição de quem adota uma facção política que está no poder, que exerce o governo."* (Houaiss, Antônio & Villar, Mauro de Salles; *Dicionário Houaiss da Língua Portuguesa;* 2001).

aglutinação na "passeata dos 100 mil", que ficou historicamente conhecida por levar milhares de pessoas às ruas, era tida como base de demonstração de que o movimento estudantil foi significativo e marcante.

Eu achava que a força de mobilização poderia continuar tendo a mesma representatividade se houvesse um engajamento de todos. Comparava o movimento estudantil vivenciado na Universidade com a época da ditadura e pensava nas inúmeras pessoas que haviam arriscado as próprias vidas buscando mudanças no destino do país.

Discordava da passividade dos acadêmicos, simplesmente aceitando as imposições da direção da Universidade e do governo e não tomando nenhuma atitude. Achava que seria muito mais fácil se todos se unissem, ninguém teria armas a enfrentar, nem prisões, nem torturas.

Eu pensava assim, mas os acadêmicos viviam em plena era da democracia e não se utilizavam dela para reivindicar direitos. Este era um dos objetivos do movimento estudantil: a aglutinação de um número cada vez maior de estudantes para adquirir força, capacidade de mobilização e representatividade junto à sociedade.

Nem todos os acadêmicos concordavam com a *Chapa Alicerce* e, mesmo em minoria absoluta na Universidade, haviam dissidências.

Ao compor a chapa e em negociação de cargos com outro grupo de lideranças, o desacordo resultou numa segunda chapa, independente e de oposição, da qual algumas pessoas, após alguns anos, fundaram o PSB[19] no estado de MS.

---

19 PSB – Partido Socialista Brasileiro – Partido Político fundado no Brasil em 1947 a partir da transformação do Partido da Esquerda Democrática extinto pela ditadura militar em 1965. Reorganizado em 1985. Registro definitivo pela Resolução/TSE nº 13.359, publicada no D.O.U. de 08/03/89.

Eram válidos todos os meios para se fazer campanha para as chapas, usando todo um *jogo de cintura* a fim de chamar a atenção dos acadêmicos para as propostas apresentadas. Eu *dançava conforme a música* para continuar integrando aquele grupo de afinidade e estar na direção do movimento estudantil na universidade, o que não era difícil porque era realmente a maneira como pensava. Acreditava num ideal de mudanças.

A chapa *Alicerce* venceu as eleições e fui eleita tesoureira-geral do DCE, quando gostaria de ter sido vice-presidente, apesar de não ter reivindicado o cargo durante a formação da chapa. Um amigo, na época, falou: "Rose, você já percebeu que sempre quer estar sob o brilho de outra estrela? Qual o motivo de não buscar o próprio brilho?" Isso me fez refletir, na época e, ainda penso sobre estes questionamentos quando preciso tomar alguma decisão importante.

A chapa promoveu uma festa para comemorar a vitória, afinal, havia também arte e lazer no movimento estudantil.

Conheci um grupo de rapazes estudantes de Filosofia, os "meninos da filô", como eram carinhosamente chamados pelos amigos. Eles eram do Diretório Acadêmico do mesmo curso e seminaristas, internos da Igreja Católica no intuito de se ordenarem padres. Seguiam a "Teologia da Libertação", que fazia uma interpretação bíblica das injustiças sociais.

Eles me convidaram para integrar um conjunto musical amador. Os ensaios ocorriam no seminário, o repertório era composto por músicas populares brasileiras, e eu fazia a única voz feminina do grupo. Logo depois, com uma professora particular bastante conceituada, tive aulas de canto lírico, porém não dei continuidade ao desenvolvimento deste talento.

Adorava cantar e subi num palco pela primeira vez para apresentar uma peça de teatro e cantar com o grupo em um trote cultural, quando os Diretórios recepcionavam os novos acadêmicos. Sentia prazer em estar lá em cima vendo cerca de 800 pessoas olharem para mim.

Havia outras atividades, menos culturais, mas de protesto organizadas pelo DCE, a exemplo de uma solenidade fúnebre simulando o enterro da "educação", com direito a caixão e velas, uma das oportunidades em que a imprensa foi convocada. Minha foto saiu na primeira página do jornal de maior circulação local, era uma das *cabecinhas* em meio a tantas registradas na história.

Na *festa junina* realizada pelo DCE, fiz questão de não ser *vice* e representar o papel principal, o da *noiva,* na encenação tradicional de casamento. Era a realização de um sonho de infância, entrando de carruagem no pátio da Universidade, numa necessidade infantil de chamar atenção de todos.

Além das atividades culturais que adorava, um dos aspectos mais predominantes no DCE era as discussões políticas, as *disputas por concepções* ou linhas de pensamento que buscavam dar as diretrizes de atuação do movimento estudantil, sempre em concordância com outros movimentos populares, sindicais e partidários.

Conforme adquiria experiência no DCE, ia me aprofundando na burocracia e nos conceitos de *esquerda*[20]. *Esquerda* no sentido de oposição, contrária à *direita* conservadora dos sistemas político e governamental dirigentes do país.

No movimento estudantil havia várias concepções políticas expressas por diferentes correntes ideológicas, sendo

---

20 Esquerda – *"Partidos* de esquerda *se preocupam mais com as questões ditas sociais, as quais envolvem o homem e dão predomínio às suas aspirações de bem-estar e progresso, colocando em segundo plano as questões propriamente* econômicas." Direita – *"Partidos* de direita, *ao contrário, dão maior relevo a questões* econômicas, *baseadas na liberdade de iniciativa das pessoas e das empresas, umas e outras motivadas pela intenção de lucro, o qual seria compensação necessária e suficiente do risco inerente a todos os empreendimentos. O progresso e o bem-estar das famílias seriam decorrentes dessa competição, baseada no esforço e no mérito individual."* (Farhat, Saïd; *Dicionário Parlamentar e Político: o Processo Político e Legislativo no Brasil;* 1996).

que a concepção majoritária era a *Corrente Articulação do PT* – Partido dos Trabalhadores[21].

Competia com ela o PCdoB – Partido Comunista do Brasil[22] e a *Corrente Convergência Socialista.* Esta última, apesar de ser também do PT estava em minoria quase absoluta.

Na UNE, a competição maior era entre a *Corrente Articulação do PT* e o PCdoB.

O PCdoB, no movimento estudantil, organizava-se através da UJS – União da Juventude Socialista. Em MS, a UJS era mais forte no *movimento secundarista* (referente aos estudantes do extinto segundo grau, hoje denominado ensino médio), mas tinha seus representantes nas Universidades.

Todas as correntes eram de *esquerda,* desde a *esquerda moderada (Corrente Articulação do PT)* à mais *revolucionária (Corrente Convergência Socialista do PT)* e havia muitas *disputas* pela direção política do movimento estudantil. Nos Congressos Estaduais, Regionais ou Nacionais, as correntes se organizavam aglutinando-se em blocos, tentando a aprovação de suas propostas.

Num primeiro momento, identifiquei-me com a *Corrente Articulação do PT,* mais pelas pessoas de meu convívio no movimento estudantil, principalmente minha melhor amiga e já ex-presidente do DCE. Comecei a achar as propostas mais coerentes em termos de *lutas* pelos direitos dos trabalhadores no Brasil e sequer conhecia as outras correntes com profundidade.

Antes das reuniões do DCE, participava de reuniões da *Corrente Articulação do PT* para a elaboração de estratégias

---

21 PT – Partido dos Trabalhadores – Partido Político fundado no Brasil em 1979. Obteve registro definitivo pela Resolução/TSE nº 11.165, publicada no D.O.U. de 18/03/82.

22 PCdoB – Partido Comunista do Brasil – A denominação Partido Comunista do Brasil era utilizada com a sigla PCB (o "partidão"), fundado em 1922 e extinto pela ditadura militar em 1945. Adota a sigla PCdoB em 1962. Reorganizado em 1985. Obteve registro definitivo pela Resolução/TSE nº 14.323, publicada no D.O.U. de 27/02/89.

a fim de aprovar as propostas e, desta forma, manter a condição de dirigentes políticos do movimento estudantil.

A *Corrente Articulação do PT* chegou a lançar um candidato a Deputado Estadual. Era um estudante de Direito, vice-presidente do DCE e namorado de minha melhor amiga. Com todo o empenho, fiz campanha para ele, juntamente com o grupo do movimento estudantil.

O lançamento de um candidato significava para o movimento estudantil maior representatividade junto à sociedade e junto ao *movimento de esquerda*. Ciente da chance dele se eleger ser próxima de zero, o fato de ter um candidato ajudaria a promover o movimento estudantil para as futuras reivindicações, demonstrando capacidade de união em prol de conquistas maiores para a sociedade.

Pensava que todos os acadêmicos deveriam fazer campanha e votar nele por ser um representante da "categoria", no caso, dos estudantes. Porém, as pessoas dificilmente votariam num candidato apenas por ser um estudante, mas por suas propostas para a sociedade e, principalmente, pela campanha eleitoral com maior capacidade de persuasão e maiores recursos financeiros.

A gestão do DCE obteve conquistas em termos de negociações de valores de mensalidades, ganhos de liminares na justiça para garantias de direitos dos estudantes e organizações de passeatas e protestos acompanhando *movimentos* em instâncias nacionais liderados pela UNE.

Eram mantidos contatos com Diretórios Acadêmicos de outras Universidades e realizavam-se eventos em conjunto para tratar de assuntos de interesse estadual ou para deliberar sobre temas nacionais sobre os quais se exigiam a participação de todas as instâncias, como em casos de greves nacionais de estudantes, *dias nacionais de luta,* ou para somar aos *movimentos de esquerda* em geral.

No último Congresso da UNE que participei, aproximei-me das correntes mais radicais. Meu nome chegou a ser indicado para compor uma chapa concorrente à sua Diretoria na função de representante da Regional Centro-Oeste, porém fato não consumado.

Somente depois percebi que a satisfação sentida ao atuar enquanto liderança era resultado de uma automimese existencial, uma repetição de atitudes vividas em mais de uma existência.

Pude comprovar isso através de uma experiência ocorrida comigo vários anos após minha fase de militância. Tive uma retrocognição – ou rememoração de uma vida passada – onde me vi envolvida com política. Eu era um homem e estava num casarão branco em estilo europeu. Subia as escadas para encontrar com vários homens a planejarem uma guerra ou uma revolta. Os sentimentos eram, ironicamente, parecidos com os sentimentos da fase da militância: revolta, orgulho, indignação, raiva.

Era tudo muito real tornando-se difícil relacionar esta experiência a sonho ou devaneio, pois trouxe os sentimentos e as energias da época. Despertei com a certeza íntima de se tratar de lembrança de uma outra vida. As roupas e as armas de fogo eram antigas.

Este fato serviu como comparativo entre três épocas distintas de vivências: a atualidade, a fase da militância e esta existência passada. Tendo-se passado alguns anos nesta vida e várias seriéxis[23] ou vidas intrafísicas, mantenho ainda uma

---

23 *"Seriéxis (seri + exis) – 1. Seriação existencial evolutiva da consciência; experiências sucessivas; renascimentos intrafísicos em série. 2. Vida humana ou intrafísica. Sinônimo desgastado e envilecido pelo uso excessivo para a primeira acepção: reencarnação."* (Vieira, Waldo; *Projeciologia: Panorama das Experiências Fora do Corpo Humano;* 2002).

essência de *consciência política*. Esta essência está contida ainda em diversos comportamentos atuais e serve como base para um autoestudo. Muitas vezes, percebo-me falando, agindo ou tomando determinadas decisões evidenciando isso.

Empenho-me para aprimorar os aspectos positivos de minha personalidade: a preocupação com as demais pessoas, o senso de desejar o melhor para todos, o posicionamento perante os fatos e a diplomacia nos relacionamentos. Procuro *lapidar*, qual pedra bruta, os aspectos negativos: sentimentos de revolta, senso de justiça e senso de vitimização, próprios de *meu ser político*. – Ressalto estar utilizando como parâmetro minha militância política pregressa, portanto, estou desconsiderando a esperteza, a manipulação, o oportunismo, os interesses pessoais acima dos coletivos, dentre tantas outras características negativas da maioria dos políticos-partidários.

PARTIDO POLÍTICO DE "ESQUERDA"

Estando na *Corrente Articulação do PT,* que atuava na Universidade, comecei a participar de reuniões de estudantes *petistas,* nas quais estavam presentes pessoas de outras Universidades e *escolas secundaristas* (extinto segundo grau e atual ensino médio).

As reuniões eram na sede do PT e, apesar de sentir-me familiarizada com os termos usados pelos *companheiros* de militância, estar lá, naquele local, com aquelas pessoas, tinha uma conotação diferente, como se fosse descortinando uma outra realidade, uma nova maneira de viver e de encarar a vida.

O assunto em foco eram as eleições presidenciais. O PT discutia em todas as suas instâncias sobre sua possível participação nesta *disputa eleitoral,* e o nome indicado era do sindicalista Luiz Inácio da Silva – o Lula[24]. Seria a primeira eleição presidencial após 29 anos de regime militar sem eleições democráticas no Brasil, e a primeira vez a atuar em uma campanha eleitoral (anterior à campanha do estudante de direito já mencionada).

Apesar de não conhecer profundamente as propostas e o programa do PT para a sociedade, tinha um vínculo afetivo com as pessoas do movimento estudantil e repetia alguns discursos – "trabalhador vota em trabalhador" – demonstrando minha falta de discernimento naquela ocasião.

Meu ingresso neste partido político ocorreu consequentemente, na condição de *simpatizante,* como eram chamadas as pessoas não filiadas legalmente e nestas reuniões de *estudantes petistas,* fui conhecendo mais a ideologia do partido e iniciando uma militância com maior engajamento.

---

24 Posteriormente, incorporou o apelido ao sobrenome tornando-se Luiz Inácio Lula da Silva. Foi eleito Presidente da República no ano de 2002 e reeleito em 2006.

Saía às ruas para distribuir panfletos em manifestações e passeatas. Participava de carreatas e comícios.

Combinava com os amigos e andávamos nos ônibus circulares, igual a um passageiro comum, fazendo comentários em defesa do PT para outras pessoas ouvirem os argumentos e também votarem em Lula. A intenção não era de fazer lavagem cerebral, mas acabava fazendo porque era o que acreditava naquele momento e utilizava artifícios e *chavões* (frases prontas) para convencer as pessoas.

Estive presente em um comício de Lula onde ele estava em cima da carroceria de um caminhão e eu fiquei bem na sua frente com os amigos *estudantes petistas,* observando o candidato e me emocionando com os discursos. Saí de lá com a certeza de estar no grupo certo.

Com o passar do tempo, fui aprofundando nos conceitos e concordando cada vez mais com os ideais de Socialismo, um "conjunto de doutrinas e movimentos políticos direcionados para os interesses dos trabalhadores, tendo como objetivo uma sociedade onde inexista a propriedade privada dos meios de produção. Pretende eliminar as diferenças entre as classes sociais e planificar a economia, para obter uma distribuição racional e justa da riqueza social."[25]

Acreditava que, como efeito da extinção das classes sociais, haveria melhoria das condições de saúde, alimentação, educação, moradia e emprego, pois haveria justa distribuição de renda para todos os cidadãos.

Estava convencida da necessidade de todos fazerem o máximo para adquirir qualidade de vida nesta existência, pois seria a única chance. Negava o princípio da multiexistencialidade (várias vidas), sendo diversas as oportunidades de aprendizado.

---

25 Sandroni, Paulo; *Novo Dicionário de Economia*; 1994.

Se há a possibilidade de renascimento, várias são as chances e diversificadas as experiências com diferentes famílias, culturas, sistemas de governo, dentre tantos outros detalhes e situações que podem ocorrer com cada pessoa em uma vida inteira. Existe a possibilidade de se renascer em diferentes classes sociais, seja nas condições de trabalhador ou burguês, branco ou negro, brasileiro ou chinês.

Apesar de ter vivenciado as projeções da consciência na adolescência, negava a própria experiência. Desconhecia o fato de poder constatar e confirmar a sobrevivência à morte através destas saídas do corpo.

Discutia em casa e nas reuniões com minha família para defender o PT e o Lula. Numa rigidez de pensamento, achava inadmissível pensarem de maneira diferente de mim, considerava a todos *manipulados* pela *direita* quando discordavam de meu ponto de vista.

Esta atitude era resquício da fase de adolescência (estava praticamente saindo dela), quando se tem a pretensão de saber tudo e considerar errados ou *caretas* todos que não têm pensamentos similares. Afinal, fazia parte de um grupo de intelectuais conscientes, pessoas com noção clara e definida de fazerem o mais correto e avançado para a sociedade.

Sentia-me conhecedora das verdades e das leis regentes da sociedade Capitalista[26] e fazia de tudo para *conscientizar* as pessoas sobre o dever de cada um ajudar na construção de uma nova sociedade a partir da implantação de um *Governo dos Trabalhadores*. Sabia de cor as frases iniciais do Estatuto do partido.

Naquela e em diversas outras eleições, atuei na função de fiscal junto aos mesários, tanto na votação quanto na apuração

---

26 Capitalismo – *"Sistema econômico e social baseado na propriedade privada dos meios de produção, na organização da produção visando o lucro e empregando trabalho assalariado, e no funcionamento do sistema de preços."* (Ferreira, Aurélio Buarque de Holanda; *Novo Aurélio Século XX: o Dicionário da Língua Portuguesa;* 1999).

dos votos. O sistema ainda não era informatizado e eram feitos acompanhamentos e conferências manuais para evitar desvios de votos. Com poucos militantes, era impraticável aos militantes fiscalizarem todas as urnas. O resultado foi o esperado, venceu o candidato da *direita*.

Após as eleições, comecei a participar de *reuniões abertas* do Diretório Municipal do PT. Eram reuniões dos dirigentes, das quais poderiam participar qualquer pessoa filiada ou *simpatizante* do PT.

Fui me identificando cada vez mais com as ideias e com a possibilidade de poder ajudar a resolver os problemas da sociedade brasileira e do mundo. Considerava injusto "poucos ganharem muito e muitos ganharem pouco". Era isso que buscava: "menos discrepâncias entre as classes sociais, fim da miséria e do lumpesinato[27]".

Concordava com a ideia de, no sistema capitalista, o proletariado[28] ser explorado pelos donos dos meios de produção e a única forma de mudar este quadro era por meio da organização popular. A *luta* do proletariado deveria ter uma abrangência política e uma ideologia socialista, pois, neste sistema, as diferenças entre as classes tenderiam a desaparecer. Com este pensamento, buscava a aplicação da justiça e da assistencialidade com uma visão bastante restrita, porque percebia apenas o aspecto superficial e aparente da pobreza. Com visão limitada, não abordava a consciência de maneira integral, considerando aspectos multidimensionais (múltiplas dimensões), multiexistenciais (várias vidas), multiveiculares (mais de um corpo

27 Lumpem – *"Termo utilizado por Marx para designar a camada social que vive de subemprego ou de atividades marginais como prostituição, rufianismo, mendicância, roubo e tráfico de drogas."* (Bobbio, Norberto, Matteucci, Nicola & Pasquino, Gianfranco; *Dicionário de Política;* 1986).

28 Proletariado – *"Conjunto dos trabalhadores de um determinado país, região, cidade, etc.; ou do mundo inteiro. 3 Classe social dos proletários, classe trabalhadora; povo; povão."* (Houaiss, Antônio & Villar, Mauro de Salles; *Dicionário Houaiss da Língua Portuguesa;* 2001).

ou veículo de manifestação) e bioenergéticos (com relação às bioenergias).

Na época, em minha avaliação, eram coerentes as teorias de Karl Marx[29] e Friedrich Engels[30]. Segundo eles, a história de toda sociedade se caracteriza por uma constante *luta de classes,* num permanente conflito de forças entre poderosos e fracos, *opressores e oprimidos,* sendo a história o resultado de "contradições internas".

Envolvi-me tanto com a ideologia *petista* que nada diferente dos conceitos de *esquerda* seria capaz de me convencer. Discordava da forma como a sociedade estava organizada, não oferecendo oportunidades iguais para seus cidadãos.

Estando com maior engajamento na *militância petista,* fui indicada por um amigo e convidada pelo Diretório Estadual para ser remunerada pelo PT, passando a ser sua funcionária. Minha experiência profissional era na área financeira e, não considerando este fato um empecilho, nem hesitei em aceitar o desafio de atuar na área administrativa.

Passei a ter acesso a todas as informações relativas ao partido no estado, sua estrutura organizacional, sua atuação junto aos movimentos populares e a sua ligação direta com as lideranças e *movimentos* nacionais. Fui conhecendo a maioria dos *petistas* e ficando conhecida pelo apelido de "Rose do PT".

Já era considerada uma liderança política do PT no movimento estudantil e, por isto, participei de um jantar com Lula, em uma de suas visitas a Campo Grande. Estavam presentes representantes de diversos segmentos do movimento popular e sindical, além da direção estadual do PT.

---

29 Karl Heinrich Marx – (1818–1883) *"Filósofo e economista alemão, considerado o mais eminente teórico do Comunismo."* (Sandroni, Paulo; *Novo Dicionário de Economia;* 1994).

30 Friedrich Engels (1820–1895) – *"Pensador alemão colaborador de Karl Marx, na elaboração dos princípios do Socialismo Científico e do Materialismo Histórico."* (Sandroni, Paulo; *Novo Dicionário de Economia;* 1994).

Sentia-me realizada. Passei a ter um grupo grande de amigos com os quais ficava até de madrugada conversando sobre materialismo, *revoluções,* história das sociedades comunistas, dentre outros temas políticos.

Tinha a sensação de contribuir para as pessoas tomarem os rumos da própria felicidade. Pensava que, se estivesse colaborando para uni-las em *entidades* comunitárias tais como: associações, sindicatos ou movimentos populares, estaria ajudando a colocar em prática a ideologia da *esquerda* e ajudando a integrar uma grande massa populacional em prol de um objetivo em comum: o Socialismo. – "Proletários de todo o mundo, uni-vos", frase citada no *Manifesto Comunista* de Karl Marx e Friedrich Engels.

As pessoas filiadas ou *simpatizantes* do PT militavam em algum *movimento,* seja movimento sindical, popular, associativo ou estudantil, igual meu caso. Diferente de como era divulgado na mídia, não significava que os militantes do PT se infiltrassem nos *movimentos,* mas em ordem inversa; primeiramente iniciavam a militância nos *movimentos,* depois sentiam-se atraídos pelas propostas de *esquerda* e acabavam "fechando com o PT", exatamente como aconteceu comigo. Entrei no PT através do movimento estudantil e não o inverso, e era assim com a grande maioria dos militantes.

Periodicamente eram renovadas as Diretorias do PT através de eleições internas. Era necessária a realização de Convenções[31], devido à exigência do Tribunal Eleitoral, para efetivar a mudança dos integrantes dos Diretórios Municipal, Estadual e Nacional.

---

31 Convenção – *"Encontro, reunião ou assembléia de indivíduos ou representações de classes, de associações, etc., onde se delibera sobre determinados assuntos; conferência; congresso; Assembléia partidária em que se escolhem candidatos e adotam plataformas e regras do partido."* (Ferreira, Aurélio Buarque de Holanda; *Novo Dicionário Século XXI: o Dicionário da Língua Portuguesa;* 1999).

Este era o momento de expressão das diversas concepções ou correntes para tentar ganhar a direção política do PT, seja por voto, seja por aclamação[32].

Minhas *bandeiras de lutas* eram levantadas por onde passava com os vários *bottons* de estrela do PT afixados no peito. Isso significava, para mim, estar demonstrando ser uma pessoa consciente dos direitos e não estar passiva porque agia, *lutava* e divulgava as ideias de *organização popular*. Sentia orgulho de mostrar às pessoas minha condição de *petista*.

Em MS, havia apenas duas correntes no interior do PT: *Corrente Articulação* e *Corrente Convergência Socialista*. A *Corrente Articulação,* da qual eu participava desde o início da militância no movimento estudantil, representava maioria quase absoluta.

Sempre havia composição para garantir a participação da minoria. As *correntes* tinham propostas e avaliações históricas do Socialismo diferentes, apesar de estarem unidas no mesmo partido e engajadas pelos ideais de transformação social.

Além das divergências políticas de *concepções,* havia também as divergências quanto às *questões de encaminhamento.* Assim eram chamadas as argumentações quanto aos critérios e procedimentos a serem adotados nos debates e exposições. Havia longas polêmicas sobre a condução dos trabalhos, a composição da mesa (quem sentaria à mesa e quem coordenaria os debates), e também a ordem de prioridades dos temas a serem abordados. Tudo isso, antes mesmo de se iniciarem as *discussões* da pauta então definida para o evento.

Em uma das eleições para compor o Diretório Municipal do PT, concorri a um cargo e minha chapa foi a vencedora. Logo, passei a ser funcionária do Diretório Estadual e membro

32 Aclamação – *"Escolha do representante pela manifestação oral dos eleitores."* (Porto, Walter Costa; *Dicionário do Voto;* 2000).

do Diretório Municipal. Já acumulava as funções de vínculo empregatício e militância política e agora assumiria uma responsabilidade mais séria e comprometida.

No Diretório Municipal, na condição de dirigente, passei a participar das reuniões decisórias de planejamento visando elaborar estratégias para as próximas atuações do partido na cidade. No Diretório Estadual, seguia as orientações dos dirigentes, meus chefes diretos e *companheiros* de militância.

Nos Encontros, Convenções ou qualquer outra forma de reuniões de *petistas,* as discussões sempre extrapolavam a questão da participação eleitoral. Os assuntos eram relacionados a planos de atuação junto aos *movimentos*, maneiras de viabilização de recursos financeiros, dentre outros.

Quando se aproximava alguma eleição, havia a necessidade de decidir com quais partidos *de esquerda* haveriam coligações. Este era um dos temas geradores de polêmicas e divergências entre as correntes.

O PT sempre coligava com outros partidos *de esquerda,* pois todos tinham em comum o desejo de transformação social, empregando, para tanto, métodos diferentes de *luta* contra o Sistema Capitalista. O entendimento, na época, era ser a *estratégia* (o objetivo do Socialismo) a mesma para os partidos *de esquerda,* mas as *táticas* (forma de se alcançar o Socialismo) eram diferentes.

Nas eleições parlamentares, eram feitas escalas entre os militantes para a fiscalização oficial junto aos mesários e para fazer *boca de urna,* ou os dois ao mesmo tempo, atitude mais comum. Mantendo uma distância das zonas eleitorais, distribuíam-se panfletos contendo os números dos candidatos petistas. Ninguém recebia nenhum centavo para isso. Era militância, trabalho voluntário.

Eram promovidas também festas para levantamento de fundos para as campanhas autossustentáveis dos candidatos, em conjunto com os partidos coligados e meu círculo de amizade se ampliou bastante, envolvendo militantes do PCdoB, PSB e PCB[33] (este último transformou-se em PPS[34]). Adorava dançar e estar com os amigos, sentia-me em casa, completamente à vontade.

Eram feitas campanhas de casa em casa, comícios em bairros distantes e a panfletagem era feita ao som de discursos inflamados, com energias e sentimentos de revolta contra o Sistema Capitalista.

Em minha avaliação, o Capitalismo desrespeitava as pessoas porque baseava-se apenas no lucro, na competição e no capital, ou dinheiro em si. Dinheiro este que o PT não tinha. Era um partido pobre, igual ao povo, um "partido das massas".

Sendo assim, sobrevivia da contribuição de seus filiados e *simpatizantes*. O caixa sempre fechava com débitos e cheguei a ficar meses sem receber salário por falta de recursos financeiros, demonstrando meu comprometimento com o partido.

Cada um colaborava como podia, seja financeiramente, seja militando nas atividades partidárias ou pintando as paredes da sede do partido com rostos de candidatos ou personalidades da história que defenderam o Socialismo.

A eleição mais significativa que participei foi quando elegeu-se o primeiro Deputado Estadual do PT em MS.

Foi organizado um Comitê Eleitoral dos partidos coligados onde era planejada toda estratégia de campanha, viabilizados e confeccionados os materiais de divulgação e propagandas eleitorais, da quais eu também participava.

---

33 PCB – Partido Comunista Brasileiro – A sigla PCB significava Partido Comunista do Brasil (o "partidão"), fundado em 1922 e extinto pela ditadura militar em 1945. Reorganizado em 1985. Transformado em PPS em 1992. Registro definitivo pela Resolução/TSE nº 16.285, publicada no D.O.U. de 06/06/90.

34 PPS – Partido Popular Socialista – Partido político fundado no Brasil em 1992 a partir da transformação do PCB – Partido Comunista Brasileiro. Registro definitivo pela Resolução/TSE nº 17.930, publicada no D.O.U. de 26/05/92.

Em uma das chamadas para a propaganda eleitoral gratuita da televisão, diversos militantes se reuniram para cantar a música de campanha e a última cena foi minha imagem, sozinha, olhando para o horizonte e sonhando com um mundo melhor. Este *trailer* foi veiculado inúmeras vezes durante o horário gratuito eleitoral na rede estadual de televisão.

No comitê, no dia da votação, havia uma equipe que centralizava as informações colhidas pelos fiscais. Conforme encerravam-se as apurações nas urnas, os fiscais anotavam o número de votos obtidos e se dirigiam para o comitê, madrugada adentro, para levar as informações e aguardar o resultado parcial antes de ser divulgado o oficial pela mídia. Havia uma forte torcida para qualquer candidato da *esquerda* se eleger.

Eu estava no comitê quando se espalhou a notícia de que o PT havia conseguido eleger um parlamentar. A comemoração foi inevitável. Choros, abraços e uma rua fechada para cantar o refrão da campanha e gritar de alegria. Esse era um passo importante para a *esquerda*. Com um parlamentar, as organizações populares teriam um canal direto junto à Assembleia Legislativa.

Com esta vitória, também financeiramente o PT estaria melhor. Cada parlamentar destinava parte de seu salário para o partido. O mesmo se mantinha por meio de contribuições dos militantes. Nem os artistas que apareciam nas campanhas eleitorais recebiam cachê, era militância e convicção política.

Deste momento em diante, a tendência natural foi a eleição de outros militantes para o parlamento municipal e estadual.

Nos últimos anos, o PT cresceu bastante e tornou-se um partido grande. O mesmo militante citado acima foi eleito o primeiro Deputado Estadual pelo PT e, posteriormente, elegeu-se o primeiro Governador petista no estado, tendo sido reeleito ao mandato.

Muitos Deputados e Vereadores eleitos eram meus *companheiros* dirigentes de sindicatos e participavam comigo das mobilizações em prol da classe trabalhadora. Vários amigos foram trabalhar nas diversas Secretarias e órgãos estaduais, mantendo os vínculos com a política partidária.

Vencendo as eleições presidenciais por duas vezes consecutivas, o PT deixa um legado de populismo, sem resolução de problemas crônicos sociais, e de "maracutaias" com desvios de verbas públicas e subornos envolvendo militantes nacionais.

Estando no governo federal, o PT não conseguiu colocar em prática suas propostas iniciais elaboradas com a filosofia de ser um *governo dos trabalhadores,* pelo contrário, a imagem do país ficou vinculada a imoralidades, artimanhas e descaramento pelas alegações quanto ao desconhecimento das atitudes ilícitas de seus dirigentes, nunca antes verificado na história do país.

Na época, minha militância não se resumia apenas às eleições. Com ou sem parlamentares nos governos, eu continuava nas mobilizações e passeatas pelas ruas da cidade, onde estava sempre na linha de frente, balançando a bandeira do partido que considerava afim com meus ideais.

O balançar da bandeira não era um ato qualquer para mim, era uma vontade de transformar o mundo, um desejo de justiça, uma satisfação íntima de estar fazendo algo pelo povo explorado. Pensava ser esta a solução para todos os problemas sociais e colocava muita garra num projeto realmente almejado.

Por fazer questão de estar sempre na primeira fila nas passeatas, apareço em fotos e filmagens, registros permanentes a me deixarem marcada na história por ser uma militante que atraiu muitas pessoas às propostas de *esquerda*. Minha imagem foi vinculada a estes *movimentos*.

Hoje, um dos meus objetivos ao escrever este livro é demonstrar a existência de outras maneiras de analisar a questão das diferenças sociais, partindo para uma perspectiva consciencial: da consciência e suas formas de manifestação.

A noção quanto a consciência não se manifestar apenas na dimensão intrafísica, promove um senso de *futuro* que extrapola os anos a serem vividos até a morte do corpo biológico e gera reflexões quanto às propostas imediatistas de resolução de problemas. Diferente de acomodação e aceitação passiva das condições de vida intrafísica, mas a compreensão e vivência das relações e afinizações energéticas corriqueiras. O fato de nascer em determinado grupo, família ou sociedade, demonstra afinidade com ele.

A existência de diferenças entre classes sociais pode não ser o fato mais importante a gerar sofrimentos, insatisfações e frustrações nas pessoas, como pensava anteriormente. As necessidades dos cidadãos vão além das necessidades econômico-financeiras. Cada pessoa é uma realidade complexa, ou um microuniverso, com histórias diferentes, necessidades específicas e vivências personalíssimas que a faz ser como é.

Todos são capazes de mudar a própria realidade a partir de si mesmos, da decisão íntima de mudar, utilizando-se de mecanismos e técnicas, como autodomínio energético e emocional e o estabelecimento racional de metas e atitudes coerentes com a própria essência.

Propostas para uma sociedade mais justa. Assim defendiam os partidos *de esquerda*. A melhor maneira de se alcançar esta sociedade era a partir da união de todos, sendo este o motivo da atuação destes partidos nos movimentos populares, como forma de integração e união entre as diversas *organizações*.

As organizações populares objetivavam a aglutinação de pessoas em prol de interesses específicos, conforme a área ou categoria. Diversos eram os segmentos organizados: minorias da sociedade, associações de moradores, comunidades de bairros, além de *entidades populares*, movimento de meninos de rua, dentre outros relatados a seguir.

O direcionamento político dos *movimentos* acontecia quando seus dirigentes eram filiados ou *simpatizantes* da *esquerda* e inseriam propostas e programas partidários, recebendo apoio dos partidos em suas manifestações.

Havia um interesse recíproco, tanto os partidos se beneficiavam conquistando mais *simpatizantes*, quanto os *movimentos* teriam uma ideologia mais abrangente extrapolando suas reivindicações específicas, permitindo a não restrição ao âmbito da sua própria estrutura e categoria.

Os dirigentes dos *movimentos*, em sua maioria, eram marxistas[35]. Karl Marx era considerado, dentre os teóricos socialistas, um dos maiores da história, por ter apresentado diversas ideias revolucionárias para sua época. Os três volumes

---

35 Marxismo – *"Conjunto de idéias, de conceitos, das teses, das teorias, das propostas de metodologia científica e de estratégia política e, em geral, a concepção do mundo, da vida social e política, considerados como um corpo homogêneo de proposições até constituir uma verdadeira e autêntica "doutrina", que se podem deduzir das obras de Karl Marx e de Frederich Engels."* (Bobbio, Norberto; Matteucci, Nicola & Pasquino, Gianfranco; *Dicionário de Política;* 1986).

do livro *O Capital* eram considerados, por muitos militantes, as obras mais completas da humanidade.

Algumas instituições de pesquisa estudavam autores teóricos e líderes socialistas e comunistas. Embasavam e capacitavam os militantes para a elaboração de novas propostas de maneiras, viabilidades e recursos para se alcançar o Socialismo.

Com base em teorias socialistas, era feita a formação cultural e intelectual dos dirigentes dos movimentos populares, sindicais, estudantis e político-partidários. Segundo Lênin, "sem teoria revolucionária, não há movimento revolucionário"[36].

Cheguei a viajar para São Paulo e fazer cursos em uma delas, com o *slogan* de "Universidade Livre do Trabalhador". Havia outras instituições que organizavam itinerâncias levando os professores até a cidade para ministrar seus cursos.

Os temas eram: Introdução ao Marxismo, Sindicalismo, Exploração Burguesa, História das Sociedades, dentre outros. O objetivo era a elaboração de uma *análise de conjuntura nacional e internacional* sob a ótica do trabalhador.

Marx escreveu sobre as leis econômicas da sociedade consideradas historicamente, e sobre as forças produtivas: o conjunto dos meios de produção e da força de trabalho humano. Demonstrou quantitativamente a "exploração do homem pelo homem" através das Teorias do Valor[37] trabalho

---

36 Vladimir Ilitch Ulianov (1870-1924) – *"O mais influente líder e teórico político do marxismo do século XX."* (Bottomore, Tom; *Dicionário do Pensamento Marxista;* 1993). Conhecido por Vladimir Lênin. A referida frase foi citada em seu livro *As Questões Palpitantes do Nosso Movimento,* publicado no Brasil em 1979 pela Editora Hucitec.

37 **Valor** – *"O valor é* [...] *definido como a objetivação ou materialização do trabalho abstrato, e a forma de aparência do valor é o valor de troca de uma mercadoria. Assim sendo, a mercadoria não é um valor de troca, mas um valor de uso e um valor* [...] *O valor é medido medindo-se, em unidade de tempo, o trabalho abstrato em média necessário para produzir a mercadoria* [...] *O valor da mercadoria é diretamente proporcional à quantidade de trabalho abstrato nela materializado e inversamente proporcional à produtividade do trabalho concreto que a produz* [...]" (Bottomore, Tom; *Dicionário do Pensamento Marxista";* 1993).

e da Mais-valia[38], onde o lucro é a força de trabalho não paga ao operário.

Considerava os posicionamentos divergentes dos meus como efeito da falta de conhecimento histórico das relações de exploração burguesa ou da "falta de consciência de classe". Quem não tinha a *consciência de classe* era porque ainda não havia estudado sobre teorias marxistas. Sentia-me útil defendendo os "fracos e oprimidos" e, cada vez mais, convencida de estar no rumo certo.

Juntamente com alguns amigos do movimento estudantil, ingressei num trabalho junto a um grupo de assentados urbanos, cujos integrantes haviam invadido terrenos particulares e construído uma favela.

As visitas ao assentamento eram feitas por acadêmicos de diversos cursos da Universidade. O papel do grupo era fazer "conscientização" dos moradores para se organizarem e defenderem seus direitos junto à Prefeitura Municipal – posteriormente a Prefeitura comprou os terrenos para doar a eles.

Indignava-me constatar, por um lado, o grau de pobreza da população, e por outro, a passividade dos sistemas governamentais que não se disponibilizavam para melhorar as condições de moradia daquele povo.

Este trabalho rendeu tese de pós-graduação para alguns integrantes do grupo, porém, não mudou a realidade dos assentados. Por mais que eu tentasse resolver os problemas de

38 Mais-valia – *"O valor da força de trabalho é determinado, como o de todas as outras mercadorias, pelo tempo de trabalho que produz mercadorias necessárias à produção e, conseqüentemente, também à reprodução desse artigo específico". "Na medida em que os valores são quantidades, os montantes de mais-valia também são quantidades. O montante de mais-valia que um trabalhador produz é a diferença entre o valor que ele produz e o valor de sua força de trabalho" "A mais-valia é a diferença entre esses dois valores: é o valor produzido pelo trabalhador que é apropriado pelo capitalista sem que um equivalente seja dado em troca. Não há, aqui, uma troca injusta, mas o capitalista se apropria dos resultados do trabalho excedente não pago."* (Bottomore, Tom; *Dicionário do Pensamento Marxista;* 1993).

moradia, ainda existiriam outras necessidades básicas, como por exemplo: saneamento, saúde e educação. Também não conseguiria resolver os problemas dos demais bairros de toda a cidade, de todo o estado, de todo o país e de todo o mundo, como era o desejado: "um mundo sem fronteiras".

Havia também instituições em defesa dos direitos humanos, em cuja direção estavam alguns amigos do PT. Desenvolvia ações de defesa, até mesmo jurídica, contra atos que atentassem contra as garantias constantes na Declaração Universal dos Direitos Humanos.

Estive em várias reuniões tratando de diferentes movimentos populares. Cheguei a visitar carvoarias em cidades do interior do estado de MS onde presenciei cenas de trabalho escravo e condições subumanas de sobrevivência.

Esta experiência me abalou a ponto de iniciar uma monografia para conclusão do curso de Ciências Econômicas, visando comprovar a exploração de mão-de-obra nesta área. Os dados foram insuficientes para a pesquisa porque os trabalhadores omitiam sua real situação, por medo de possíveis repressões por parte dos donos das carvoarias.

Todo e qualquer quadro de pobreza ou miséria já visto pessoalmente por mim até hoje não foi tão impactante e chocante quanto o observado nestas carvoarias. As condições de vida não eram dignas sequer a um animal.

Era quase impossível conseguir respirar aquele ar de madeira queimada. O calor era quase insuportável; não havia vegetação nas proximidades e as casas dos trabalhadores ficavam a poucos metros dos inúmeros fornos onde eram inseridas as toras de madeira por adultos e crianças. Problemas pulmonares eram corriqueiros.

Esta foi uma experiência inesquecível em termos de sensibilidade com o sofrimento do ser humano. Nunca pensei na possibilidade de alguém poder viver, ou sobreviver, em ambientes iguais aqueles.

Meu impacto com tamanho sofrimento me fazia sofrer e sentir vontade de acabar com aquela situação definitivamente. A única forma encontrada era me revoltando contra os donos das carvoarias e as autoridades governamentais que, em minha avaliação, fingiam não ver o problema para não se responsabilizarem pela sua solução.

Sentia-me comovida com qualquer cena de violência ou qualquer ocorrência diferente do padrão normal de sociabilidade, desde a violência contra a mulher ou à criança, até as discriminações raciais, sexuais ou religiosas.

Uma *luta* específica dos *movimentos* no estado de MS era contra a descaracterização da cultura indígena, onde também havia amigos meus engajados em sua instituição representativa.

Quanto à Ecologia, no início de minha militância, um amigo do PT ajudou a fundar uma ONG – Organização não-governamental – para atuar na área sócio-ambiental. Este amigo também foi candidato a Prefeito na cidade, não tendo vencido as eleições. Atualmente é uma instituição com bastante credibilidade e atua internacionalmente.

A questão do negro também me despertava atenção, pois tinha, desde a infância, um carinho especial por eles. Minha mãe conta que eu chorava ao ser carregada nos braços de pessoas brancas quando ainda bebê, mas ia ao colo de negros, mesmo desconhecidos. Entendi isso após uma retrocognição, quando constatei ter sido negra em uma vida recente.

Nesta retrocognição, mendigava pelas ruas e me sentia muito revoltada (desde aquela época) com a condição vivida. Lembro-me pouco dos detalhes, apenas da rua e de um muro alto branco onde recostei e fui esmurrando a parede várias vezes enquanto ia agachando e ficando sentada no chão. Tinha os cabelos desalinhados, embaraçados e sujos, e vestia uma roupa velha parecida com uma camisola de algodão.

No *movimento* em favor do negro, tive uma atuação apenas presencial em suas manifestações, não fiz parte diretamente ou integrei em sua organização.

Participava das festas e adorava dançar as músicas de origem *afro*. Cantei com meu grupo da faculdade numa mobilização em protesto pelo dia 13 de maio, feriado nacional pela libertação dos escravos no Brasil através da assinatura da Lei Áurea pela Princesa Isabel.

Os *movimentos* não reconheciam esta data por dois motivos: pela questão histórica da pressão sentida pela Princesa ao realizar seu ato, não representando um consenso da sociedade nem dos dirigentes da época. O segundo motivo era o fato das desigualdades continuarem após a abolição da escravatura, nunca foram iguais as oportunidades para todas as raças. Bastava observar o número de negros ocupando funções ou cargos bem remunerados no mercado de trabalho.

O dia 20 de novembro, dia em que Zumbi, líder do Quilombo dos Palmares, foi assassinado, passou a ser comemorado pelos *movimentos* e considerado o "Dia da Consciência Negra". Alguns anos depois, esta data foi incluída no calendário escolar e tornou-se obrigatório o ensino sobre história e cultura Afro-brasileira[39].

Outro fator de apelo ao meu emocional, vivenciado em minha militância nos movimentos populares, era em relação aos trabalhadores rurais engajados no MST – Movimento dos Trabalhadores Rurais Sem-Terra[40].

---

39 Fonte: Lei Nº 10.639 de 09 de janeiro de 2003, Art. 26-A.

40 MST – Movimento dos Trabalhadores Rurais Sem-Terra – Organizou-se a partir da década de 1970 e realizou seu Congresso de fundação em 1985 com a palavra de ordem: "Ocupação é a única solução".

O MST defendia a Reforma Agrária, mas tinha críticas ao Estatuto da Terra[41]. Cheguei a participar de uma reunião fechada onde foi planejada uma ocupação de terras e estavam presentes apenas lideranças dos *movimentos* no estado de MS.

Num determinado evento, assisti a um documentário vencedor de prêmios, baseado em fatos reais, chamado "Terra para Rose". A personagem principal tinha meu nome e esta coincidência me fazia sentir identificada na *luta* pela ocupação de terras.

Participei de diversos eventos que tratavam sobre este assunto e de várias passeatas e caminhadas. Nas "caminhadas do MST", eram percorridos centenas de quilômetros como forma de demonstrar à sociedade a importância da questão da terra.

Visitava os assentamentos rurais e ficava comovida com tamanha miséria: roupas, utensílios e moradias (barracas de lona) em condições precárias. Era difícil não me sensibilizar.

Aquele povo queria trabalhar, mas em suas próprias terras. As atividades que desempenhavam estavam ligadas à agricultura e à pecuária. Havia muita garra e muita vontade de conquistar seu espaço.

Existiam aqueles que se infiltravam e se faziam passar por sem-terra, mas representavam uma minoria. A maioria não possuía estudo ou qualificação profissional e, quando eram obrigados a mudar para as cidades, contribuíam para o aumento das favelas.

A Igreja Católica também tinha sua participação, por meio de uma ala progressista surgida antes mesmo do MST e que influenciou na organização das primeiras ocupações de terra no Brasil.

---

41 Estatuto da Terra – *"Lei nº 4504 de 30/11/1964 [Art. 1º] que regula direitos e obrigações concernentes aos bens imóveis rurais, tendo como objetivo promover e executar a política agrícola e a reforma agrária."* (Sandroni, Paulo; *Novo Dicionário de Economia;* 1994).

Havia muita fé em Deus de que tudo iria melhorar, porém, não era valorizada a "crença" em si mesmo e na capacidade de cada um mudar a própria realidade. Inexistia a consciência de cada um ser dono de seu destino e responsável por suas conquistas, independente da conquista de terras.

Manifestações populares tinham início geralmente ao som do Hino da Internacional Comunista[42], uma música de ritmo forte, bem compassado e cuja letra fazia *arrepiar* por expressar a necessidade de união dos explorados em prol de "uma terra sem amos" – A palavra *amos,* neste caso, está sendo utilizada como sinônimo de senhores, donos, patrões. Trata-se de uma frase que compõe o refrão do referido hino.

Ao ouvir esta música, o emocionalismo extrapolava, e os sentimentos eram de muita revolta contra a classe dominante, indignação pela exploração capitalista, vontade de extinguir o atual sistema político e implantar uma nova sociedade, com base na igualdade entre os homens. Para mim, soava quase como um mantra, com um significado tão profundo vindo do âmago da consciência, revigorando a imensa ânsia de mudar o mundo.

Tudo era motivo para ir às ruas clamar pelo Socialismo, pela justiça social, pelo fim das mordomias políticas, do desemprego, do analfabetismo e do próprio sistema Capitalista. Havia uma solidariedade coletiva quando se tratava de algum fato comovente. Era como se houvesse uma conciliação entre os ideais partidários específicos por um ideal maior de Socialismo.

Fora dos movimentos, das *organizações* e das manifestações públicas, os militantes eram muito amigos uns dos outros. Havia uma separação entre as *questões políticas* e as *questões pessoais.*

---

42 *"A 1ª Internacional Comunista foi criada em Londres em 28 de setembro de 1864 sob a liderança de Marx e Engels. Reunia entidades operárias de toda a Europa, de tendências políticas as mais variadas, e tinha como lema a palavra de ordem de Marx de que a emancipação da classe trabalhadora é obra dos próprios trabalhadores."* (Sandroni, Paulo; *Novo Dicionário de Economia*; 1994).

Paralelas às mobilizações, eram preparadas as moções referentes àquele *movimento*. As moções eram documentos cujo teor manifestavam opiniões, reivindicações ou protestos a serem encaminhados às autoridades competentes. Eram também direcionados para os agentes causadores de alguma atitude antiética, desumana, bem como explorações de toda natureza, provocada por pessoa física ou jurídica, recebendo o autor destas atitudes moções de instituições nacionais e internacionais.

Em cada "moção de apoio" ou "moção de repúdio" estavam engajados os diversos segmentos dos movimentos sindical, estudantil, popular.

Além das moções, havia os abaixo-assinados, nos quais, em inúmeros deles, constam meu nome e minha assinatura, representando um grafopensene[43], uma responsabilidade grupocármica. Não somente as palavras expressas por quem o redigiu ou assinou, mas o pensene de qualquer pessoa que esteve ligada ao documento ficou nele registrado. Portanto, um dos objetivos ao escrever este livro, portanto, é deixar uma assinatura pensênica positiva, direcionada para o esclarecimento quanto ao caráter integral das consciências.

Uma das últimas manifestações históricas e de âmbito nacional que participei foi a "Campanha Fora Collor", *movimento* que mobilizou o país na reivindicação pelo *Impeachment* (afastamento) do Presidente da República, Fernando Collor de Melo.

A maior e mais significativa destas manifestações foi quando uma bandeira quilométrica foi estendida e os militantes circulavam sob ela pelas ruas. Esta mesma bandeira percorreu várias capitais do país.

---

43 Grafopensene, ou assinatura pensênica, é o pensene específico dos rastros ou marcas pessoais que ficam registradas (grafadas), caracterizando o aspecto individualíssimo da consciência (individualidade) num determinado fato ou circunstância específica.

Cheguei a viajar para Brasília com uma caravana com representantes de movimentos populares, sindicais e partidários para o maior ato de protesto registrado na história da capital federal até aquela data. Esta mobilização ficou marcada por ter levado às ruas uma multidão de "caras pintadas" de verde e amarelo, culminando com o afastamento de Collor da Presidência da República.

Considerava impossível mudar a realidade do país sem mudar o sistema político vigente. Observava noticiários quanto ao número de mortos por doenças causadas pela falta de condições básicas de saneamento, número de crianças desnutridas e também mortas pela falta de alimentação adequada, número de abortos realizados clandestinamente e várias outras estatísticas, e me sentia revoltada com o Governo.

O sentimento era de profunda revolta. Sentia uma ira incontrolável pelos governantes da *direita* mais conservadora, chamados de *reacionários*[44]. Considerava inadmissível poderem *roubar* tanto e fazerem tão pouco pelo povo a se sacrificar para ter o mínimo apenas para sobrevivência.

Minhas reivindicações tinham por base os fatos vivenciados por mim a cada visita ou a cada notícia sobre exploração, violência e injustiças. A preocupação era em tentar ajudar a resolver os problemas no exato momento, e o esforço era imenso para fazer minha parte.

Os parâmetros de avaliação se resumiam a um ponto de vista apenas intrafísico, e hoje percebo algumas limitações nesta maneira "partidária" de observar o mundo.

Ao se comprovar a sobrevivência da consciência a este corpo físico e a possibilidade de se viver muitas vidas, acabam as

---

44 Reacionário – *"Que se opõe às idéias voltadas para a transformação da sociedade."* (Houaiss, Antônio & Villar, Mauro de Salles; *Dicionário Houaiss da Língua Portuguesa;* 2001).

ansiedades de querer resolver todas as questões numa única vida e de querer explicar tudo apenas pela causa, razão ou origem.

Eu não me imaginava atuando em linhas de pensamentos direcionados à evolução da consciência em seu sentido mais amplo e não apenas do ponto de vista das condições de vida na intrafisicalidade. Sequer imaginava a possibilidade de haver interferências de grupos de consciências extrafísicas (que já morreram) em consciências intrafísicas, fato que hoje percebo como realidade.

Hoje compreendo que assim como existem grupos que se unem por um ideal nesta dimensão física, material, existem também grupos em outras dimensões. A diferença está em estes últimos serem compostos de consciências já sem o corpo físico, porém com similares pensamentos, sentimentos e energias e permanecerem unidas por este motivo. Assim, os grupos intra e extrafísico interagem, influenciando-se, mesmo sem perceberem, através da afinidade.

Estas interações podem envolver e "fossilizar" as consciências a ponto de mantê-las em várias vidas num mesmo círculo de amizades, com as mesmas ideologias de luta e contestações, podendo mantê-las em condições de inseparabilidade ou interprisões grupocármicas[45] por longo tempo. Estas relações históricas das interprisões, relações nas quais consciências mantêm-se ligadas às outras não era algo em que pensava na época.

A comprovação destes fatos ocorreu muito tempo depois, quando já não militava na *esquerda,* numa projeção da consciência na qual um grupo de guerrilheiros extrafísicos cobrava-me o retorno às origens de *revolucionária*. Eram consciências que

45 *"Interprisão Grupocármica – Condição da inseparabilidade grupocármica do princípio consciencial evolutivo ou consciência."* (Vieira, Waldo; *Projeciologia: Panorama das Experiências da Consciência Fora do Corpo Humano;* 2002).

ficaram restritas aos pensenes[46] de luta e de revolta. Atualmente admito que, a cada pensamento, emite-se um sentimento e promove-se uma ligação energética entre pessoas, locais ou situações e isto se dá automaticamente, de maneira conjunta e indissociada.

Difícil é identificar há quantos séculos aquelas consciências da projeção agiam e pensavam daquela maneira, sem lucidez da própria condição de estarem atuando sem o corpo físico. Muitas consciências morrem e não ficam cientes quanto a este fato na dimensão extrafísica, podendo permanecer neste estado de psicose por longo tempo, mantendo um padrão de pensene monoideísta (uma ideia fixa).

Pela projeção percebi que havia a manutenção da condição de restringimento da lucidez destas consciências e, de alguma forma, eu mantinha uma afinidade com este grupo extrafísico inconformado com o fato de eu não buscar mais os mesmos ideais. Na segunda parte do livro serão esclarecidos ao leitor os motivos pelos quais mudei meus ideais.

---

46 *"Pensene (pen + sen + ene) – Unidade de manifestação prática da consciência, segundo a Conscienciologia, que considera o pensamento ou idéia (concepção), o sentimento ou a emoção e a EC (energia consciencial) em conjunto, de modo indissociável."* (Vieira, Waldo; *Projeciologia: Panorama das Experiências da Consciência Fora do Corpo Humano;* 2002).

MOVIMENTO FEMINISTA

Na maioria dos *movimentos* em que militei, sejam populares, sindicais, estudantis e políticos-partidários, grande parte dos dirigentes eram homens, mesmo sendo a *base* composta predominantemente por mulheres.

Numa mesma categoria de trabalhadores, havia duas organizações: os sindicatos e, paralelamente, as Comissões de Mulheres que se reuniam para discutir a "questão da mulher trabalhadora". Suas deliberações eram inseridas em boletins informativos, nas assembleias gerais ou nos eventos realizados pelos sindicatos.

Estas Comissões também organizavam eventos sobre temas específicos das mulheres, como repressões sexuais, educação de filhos, análise histórica sobre o feminismo, dentre outros. Definiam-se *planos de lutas* da mulher trabalhadora tais como implantação de creches nas fábricas, havendo também propostas defendendo a mulher negra, mulher rural, mulher lésbica, mulher indígena.

Assuntos similares e afins a estes eram discutidos exaustivamente, e com a participação de homens, pois a *questão da mulher* era considerada de interesse geral e não restrita apenas a elas.

Eu usava *bottons* com mensagens feministas, além das estrelas do PT, e com mensagens antirracistas, uma verdadeira "árvore de natal ambulante" feliz por mostrar a todos minhas *bandeiras de lutas.*

Várias amigas faziam parte de comissões de mulheres em seus sindicatos, viajavam para participar de eventos nacionais e eram convidadas por outras *organizações* municipais e estaduais para participarem de debates ou eventos a tratarem de temas relacionados à *questão da mulher.*

Eu participava das reuniões e eventos e integrava a Comissão Estadual de Mulheres Petistas, na qual às vezes, chocava as presentes com minhas teorias das mulheres também manterem *posturas machistas.* A primeira vez que falei isso levei uma enxurrada de argumentações contrárias, num consenso grupal de estar fazendo apologia ao machismo.

Esta era minha opinião. Via as mulheres fazerem discursos fervorosos e depois irem para casa lavar louça enquanto seus companheiros ficavam nas reuniões. Via também uma série de mães militantes correndo atrás dos filhos nas mobilizações, enquanto os pais se ocupavam com os microfones nos palanques. Logicamente, não estava na intimidade de cada casal para saber de seus acordos e divisões de funções, meus parâmetros eram os fatos observados, não somente nos *movimentos,* mas em outras esferas da sociedade.

Fui representante da Comissão Estadual de Mulheres num Encontro Nacional onde estavam presentes parlamentares e lideranças nacionais do PT, posteriormente governadora, ministra, prefeitas e deputadas.

O tema central do Encontro era as *cotas de participação* das mulheres nas organizações populares. As *cotas* significavam o estabelecimento de um percentual de mulheres em todas as chapas inscritas para concorrerem às *entidades* representativas.

O maior argumento era da mulher sempre exercer papel de "suporte" ou apoio ao homem. Enquanto o homem poderia se dedicar à militância sendo os dirigentes das *entidades,* a mulher precisava militar, trabalhar fora e ainda cuidar da casa e dos filhos.

Muitas vezes, as mulheres não assumiam os cargos de liderança pela indisponibilidade de tempo, devido ao acúmulo de funções. Com a aprovação das *cotas*, as *entidades* se obrigaria a colocar mulheres em sua direção, tornando justa a divisão e a sua participação nas instâncias decisórias.

Sentei à mesa para mediar as discussões na condição de representante de MS em um dos momentos do evento. Fato importante para mim porque tinha ido ao local apenas para participar e lá estava eu dirigindo os trabalhos.

O Encontro Nacional não aprovou as *cotas*, pois a maioria das correntes representadas foi desfavorável e um dos motivos era a dificuldade de sua implantação.

Mesmo com todas as mulheres do evento aprovando, o fato de serem levadas as propostas às *organizações* não significaria que elas seriam acatadas e as mulheres da *base* assumiriam os cargos de direção. O ideal seria a realização de um trabalho de conscientização das próprias mulheres a ocuparem os seus espaços nas direções das *entidades* sindicais, populares e estudantis.

Após alguns anos foi aprovada a Lei de Cotas[47] pelo Congresso Nacional, apenas para o âmbito parlamentar. Na época, a ideia era promover as *cotas* para todas as instâncias de todos os *movimentos*.

Dentro dos *movimentos* também havia machismo, inclusive nas brincadeiras. Irritava-me quando alguém, principalmente um homem, brincava ou contava uma piada machista porque eu considerava o assunto sério. Alguns amigos as faziam exatamente para me ver brava e elaborar uma série de discursos em defesa da mulher. Era difícil manter-me em silêncio perante uma provocação machista.

Admirava as grandes feministas e mulheres que estiveram além do seu tempo que, mesmo sem *levantar bandeiras*,

---

47 Lei Nº 9.100 de 29 de setembro de 1995, Art 11, § 3º, implantada em 1996 nas eleições municipais, prevê que os partidos políticos devem garantir um percentual de vagas a serem preenchidas por candidatas mulheres.

quebraram tabus e foram estigmatizadas, mas abriram caminho para as mudanças culturais e comportamentais da sociedade.

Existiam propostas dos grupos mais radicais de que, no Comunismo, a igualdade entre os gêneros fosse inserida desde a educação maternal. Haveria creches comunitárias para todas as crianças, onde toda a sociedade era responsável pelas mesmas e não apenas as mães, do mesmo modo que haveria lavanderias coletivas comunitárias e todas as condições seriam oferecidas pelo Estado. Os filhos não seriam "propriedade" dos pais, seriam integrantes da sociedade.

Era convicta sobre a teoria de serem todos os homens machistas porque, por vários séculos, dominaram, exploraram e anularam a atuação da mulher, considerando-a incapaz.

Para mim, o machismo era oriundo apenas do uso da força física. A partir do momento em que o homem percebeu sua força superior à da mulher, subjugou-a e colocou-a em patamar de inferioridade, valendo-se deste recurso para manter a submissão por milênios.

Apesar do machismo ser histórico, a organização das mulheres para reivindicar seus direitos é recente. O início do século passado foi marcado por manifestações feministas. Na Inglaterra, houve a primeira manifestação pública pelo direito ao voto; nos Estados Unidos, queimaram-se *soutiens* em praça pública para se fazer reconhecer a igualdade entre os gêneros. Isso sem citar os *movimentos* individuais em favor dos direitos das mulheres durante várias épocas e em diversos países.

Considerava – e ainda considero – a realidade de alguns países como verdadeiras atrocidades, exemplo da infibulação[48]

---

48 Infibulação – *"Sutura ou introdução de anel ou colchete nos órgãos genitais, ainda praticada, ao que parece, particularmente em donzelas de algumas regiões africanas, para tornar impossível o coito: fibulação."* A sutura é uma *"operação que consiste em coser os lábios de uma ferida, ger. para juntá-los; juntura, costura."* (Ferreira, Aurélio Buarque de Holanda; *Novo Dicionário Século XXI: o Dicionário da Língua Portuguesa;* 1999).

e da mutilação genital feminina, principalmente nos países Africanos; o uso de burcas[49] e *xadors*[50]; o casamento de um homem com várias mulheres em países Árabes; o caminhar atrás do homem no Japão; a necessidade da mulher casar-se virgem em países de todo o mundo; além de diversas condições de submissão da mulher em relação ao homem.

O objetivo do movimento feminista era ampliar o debate acerca da opressão e das discriminações à mulher. Este era um dos motivos que levou as mulheres a se organizarem em diversas instituições e, consequentemente, suas deliberações servirem como referencial para a mudança da cultura machista instalada na sociedade.

Toda discriminação incomodava-me profundamente. Nada imaginava sobre a probabilidade de já ter vivido num corpo de homem em uma outra existência, tendo exercido exatamente o papel de machista.

Ao se descartar este corpo físico (após a morte), não há mais a necessidade de um sexo. A consciência não tem sexo, assume-o ao renascer e adapta-se a ele por instinto biológico. Mantêm-se, contudo, a essência da consciência, sendo que a formação cultural e mesológica influenciam sobremaneira a consciência renascida.

Hoje percebo que a questão do machismo fica pequena ao se ampliar o referencial e se analisar as influências recebidas e as histórias pessoais de cada um, em suas diversas vidas. Isso não é uma razão para se aceitar o machismo e os preconceitos dele decorrentes, mas é um dos pensamentos a me fazer refletir

49 Burca – *"Veste usada em público por algumas mulheres muçulmanas da Ásia, e que envolve o corpo, inclusive a cabeça tendo, na altura dos olhos, dispositivo que permite que a mulher veja sem que seja vista."* (Ferreira, Aurélio Buarque de Holanda; *Novo Dicionário Século XXI: o Dicionário da Língua Portuguesa;* 1999).

50 Xador ou Chador – *"Veste feminina, geralmente negra, que envolve todo o corpo até os tornozelos, e encobre a cabeça e grande parte do rosto, usado no Irã e noutros países muçulmanos."* (Ferreira, Aurélio Buarque de Holanda; *Novo Dicionário Século XXI: o Dicionário da Língua Portuguesa;* 1999).

quanto aos meus posicionamentos feministas. Estes posicionamentos demonstravam um caráter estreito de compreensão quanto à grandeza das oportunidades evolutivas ao assumir determinado soma, e suas relações perante a sociedade.

Quando parte-se do princípio de que todos são consciências em evolução e ainda têm-se muitas imaturidades, analisa-se o preconceito por gênero apenas como sendo uma das diversas formas de imaturidades humanas. Por já ter vivenciado várias vidas em determinado soma (masculino ou feminino), a consciência pode adquirir atributos a ele relacionados e manifestá-los inconscientemente desde tenra idade ao renascer. Este fato pode ser um fator de facilidade ou dificuldade de se lidar com o novo corpo.

Cada soma, masculino ou feminino, possui características peculiares que possibilitam determinadas vivências, naquele momento, importantes para a consciência. Cabe a cada um aproveitar as oportunidades e extrair o máximo de aprendizado com o corpo atual.

Minha concepção hoje é: por maiores que sejam as desigualdades de condições existentes, as mulheres podem conquistar seu espaço na prática, na compreensão de todos serem consciências em evolução, independente do sexo. O gênero é uma condição temporária, para fins de aprendizado e acúmulo de experiências, porque a própria vida intrafísica é temporária.

SINDICALISMO

Estando ainda no PT, comecei a divergir de alguns posicionamentos da *Corrente Articulação,* sendo um deles a priorização do processo eleitoral em detrimento do *processo revolucionário* para a transformação da sociedade. Percebi também formas de atuação incondizentes com os discursos, principalmente porque, estando na condição de funcionária, ficava a par de todos os passos e decisões da *Corrente Articulação,* que detinha a direção política do PT no estado.

Fui me identificando com as propostas de um grupo em minoria quase absoluta, a *CUT Pela Base,* que possuía uma "atuação a nível sindical" e aliava-se à *Corrente Convergência Socialista* no PT. Ambas eram chamadas de "xiitas" e tinham como base as teorias de León Trotski[51].

Por simpatizar com a *CUT pela base,* fiz campanha para um candidato sindicalista, um de seus líderes que, posteriormente passou a ser um de meus melhores amigos. Ele me convidou para trabalhar em um sindicato da área de saúde e previdência, do qual era Diretor, para a função de "Secretária Política".

Aceitei no ato a proposta: receberia um melhor salário do que trabalhando no PT, cumpriria menor carga horária e trabalharia na organização de campanhas, reuniões e eventos. Era a oportunidade de participar das mobilizações de outras *entidades,* pois estaria atuando no planejamento e na execução das mesmas.

Este sindicato era pioneiro no estado de MS em algumas formas de atuação como, por exemplo, a implantação da Diretoria Colegiada e das *eleições proporcionais.*

---

51 Lev Davidovitch Bronstein (1879-1940) – Líder revolucionário russo. *"Criou a Teoria da Revolução Permanente."* (*Grande Enciclopédia Larousse Cultural,* 1998).

Na Diretoria Colegiada todas as decisões eram tomadas democraticamente pelos dirigentes em reuniões abertas a qualquer pessoa da categoria. Neste caso, a figura do Presidente era simbólica e servia apenas para fins legais, pois tinha o mesmo peso de qualquer outro Diretor ou pessoa sindicalizada.

Ao contrário das eleições comuns, onde os vencedores assumem as funções para os quais foram eleitos, nas *eleições proporcionais* os cargos eram preenchidos conforme a proporcionalidade de votos: se a chapa perdesse com 20% dos votos, teria 20% dos cargos da diretoria, tornando mais democrática a participação das oposições.

Fui me tornando especialista em organizar a participação do sindicato em passeatas, protestos e greves, responsabilizando-me por providenciar faixas, bandeiras, equipamentos de som, microfones, e de convocar a imprensa para tais atividades.

Todos os protestos em oposição[52] aos Governos e aos patrões (este último quando se tratava de categorias de trabalhadores do setor privado) eram marcados por discursos com caráter emocional capazes de inflamar a plateia ouvinte gerando revoltas contra a classe dominante e levando a todos ao intenso desejo de mudanças sociais.

O sindicato para o qual trabalhava tinha em sua diretoria alguns fundadores da CUT – Central Única dos Trabalhadores[53], sendo a esta filiado, igual à maioria dos sindicatos no estado. Apesar das divergências, havia coesão e solidariedade entre os sindicatos filiados à CUT, no sentido de uns atuarem nas manifestações dos outros.

---

52 Oposição – *"União de pessoas ou grupos que objetivam fins contrastantes com fins identificados e visados pelo grupo ou grupos detentores do poder econômico ou político; a estes, institucionalmente reconhecidos como autoridades políticas, econômicas e sociais, opõem os grupos de oposição sua resistência, servindo-se de métodos e meios institucionais e legais, ou de métodos e meios de outros tipos, mesmo ilegais e violentos."* (Bobbio, Norberto; Matteucci, Nicola & Pasquino, Gianfranco; *Dicionário de Política;* 1986).

53 CUT – Central Única dos Trabalhadores – Organização sindical fundada em 1983 no Brasil.

O objetivo era a demonstração à população da força de mobilização, pois todos *lutavam por transformação da sociedade.* Todos se uniam quando o assunto era a oposição aos governos ou defesa de determinada causa social. No entanto, as propostas quanto às formas de como se fazer esta oposição e de como deveriam ser conduzidas as *lutas* eram diferentes ou até opostas.

Fiz muitos piquetes nas greves, seja do próprio sindicato, seja de outras categorias. Ficava nas portas impedindo a entrada das pessoas para trabalhar, tentando convencê-las quanto à necessidade da união como sendo a melhor maneira de conquista dos direitos.

Enquanto espectadora, estive presente em um Congresso Nacional da CUT (CONCUT), e ajudava a organizar Encontros e Congressos da CUT Estadual. Nestes eventos, discutiam-se temas relacionados ao sindicalismo em si e sempre se fazia uma *análise de conjuntura nacional* ou *internacional* sob a ótica de cada concepção ideológica de cada corrente do PT ou de outros partidos de esquerda que a compunham. Havia muitos acordos, não inviabilizando a vitória de quem obtivesse a maioria dos votos nas questões mais polêmicas.

Estive presente em encontros para a fundação do "Sindicato dos Trabalhadores em Sindicato", nos quais se reuniam alguns funcionários da categoria, bem como de associações de *entidades* afins. Foi um projeto que, nesta época, não se concretizou por falta de coesão entre a categoria, porém contou com o apoio dos sindicatos da área de outros estados brasileiros.

Na condição de funcionária do sindicato, ajudei a organizar as eleições para a sua Diretoria. Como era militante da *CUT pela Base,* fui bastante parcial e fiz campanha para a chapa dos companheiros fundadores do sindicato.

Pela primeira vez, desde a fundação do sindicato, venceu uma chapa não ligada à *CUT pela Base* e o resultado foi uma surpresa para todos.

Apesar de conhecer os componentes da outra chapa, discordava ideologicamente de suas propostas políticas e seria demitida para possibilitar a contratação de outra pessoa da mesma *corrente*. Abalada, chorei a noite toda. Era difícil encarar a perspectiva de não trabalhar mais com meus amigos. Sofria só de pensar em ter que me afastar deles e precisar ir trabalhar em outra área.

Naquele momento, talvez o fato a me deixar mais triste não tenha sido a questão ideológica da *CUT pela base*, nem ter perdido uma direção política importante no movimento sindical, mas a expectativa de não mais conviver diariamente com meu grupo de afinidade político-ideológica.

A rescisão de contrato foi feita no Ministério do Trabalho, órgão público cujos funcionários eram filiados ao próprio sindicato em que trabalhava. Lá, acompanhada de um amigo do partido e agora então ex-diretor, fui fazer acordo trabalhista com a nova diretoria, através de seu advogado – coincidentemente, o companheiro de militância para o qual fiz campanha eleitoral quando atuava no movimento estudantil.

Após a saída do sindicato, senti muito a falta de fazer colagem de cartazes nos muros da cidade na calada da noite e escondida da polícia, ato realizado quando havia alguma questão em foco para ser levada ao conhecimento do público. Acreditava que, desta maneira, as pessoas se solidarizariam com nossas propostas, ou pelo menos, saberiam os objetivos das lutas e reivindicações, tendo a oportunidade de conhecer os motivos através dos *movimentos* e não através da demagogia dos governos ou da imprensa, sempre a dar razão a quem estivesse no poder.

Aos poucos, diversos dos meus amigos que eram componentes da diretoria do sindicato se dedicaram aos projetos de vida pessoal, tais como casamento e filhos, outros aos estudos e outros mantiveram sua atuação política na federação nacional da categoria ou nos partidos políticos. Uma parte dos dirigentes do sindicato seguiu para outro objetivo: a fundação de um *partido revolucionário*. Minha opção, sem sequer titubear na decisão, foi manter-me na militância neste novo partido político, relatado no próximo capítulo.

Por indicação de uma amiga, fui trabalhar em um outro sindicato, não ligado aos ideais da *CUT pela base*. Era *de esquerda,* mas *moderado* e atuava na área jurídica. Do ponto de vista de minhas concepções, o novo sindicato era *conservador,* sendo difícil iniciar discussões acerca de temas polêmicos.

As definições sobre *direita* e *esquerda* eram demarcadas entre, respectivamente, quem defendia a manutenção do sistema político, econômico e social vigente propondo sempre reformas em suas ações e planos de governo, mantendo o regime capitalista; e entre os defensores das transformações do sistema para um novo regime de Socialismo ou Comunismo. Na *esquerda,* havia ainda uma outra classificação: *revolucionária* e *conservadora* (ou *moderada*), obviamente, a primeira defendia a revolução e, a segunda, buscava mudanças na sociedade de modo menos radical.

Neste sindicato, tive que me adaptar a uma série de situações novas e submeter-me a certas diretrizes consideradas ultrapassadas. Na condição de funcionária, participava de reuniões e assembleias e, com menos garra, colocava minhas opiniões.

Trabalhei neste sindicato por um tempo, permitindo-me acompanhar a transição de três gestões de Diretoria. Na terceira gestão, mais direcionada para a *direita,* reavaliei a continuidade do vínculo empregatício. Iniciaram-se as divergências e a falta de respeito aos acordos estabelecidos entre as diretorias anteriores e os funcionários.

Como não tolerava as injustiças, iniciei uma série de discussões junto à Diretoria e, não havendo acordo, foi deflagrada uma greve inédita: a primeira, e paradoxal, *greve de funcionários de sindicato* realizada no estado de MS.

Tal greve era muito delicada e não chegou a ser divulgada na imprensa para não comprometer a imagem do sindicalismo. O entendimento era de que geraria uma situação favorável aos governantes e à *direita* porque, não somente o sindicato em si, mas o sindicalismo como um todo, poderia ficar comprometido pela não realização, na prática, do que se reivindicava aos patrões.

Logo após a curta greve, realizou-se uma reunião entre funcionários e a Diretoria do sindicato, na qual pude expor meus pontos de vista e solicitei minha demissão.

PARTIDO REVOLUCIONÁRIO

O direcionamento político do PT, na época, era feito pela *Corrente Articulação*, e minhas divergências foram aumentando conforme ia verificando questões inconciliáveis com as propostas da *CUT pela Base*.

Os integrantes da *CUT pela Base* eram considerados *radicais*, porém discordávamos desta denominação. Eu considerava o grupo mais "consciente" quanto à visão de um mundo socialista e mais correto na forma empregada para defender este Socialismo.

Em minha avaliação, o PT estava se tornando cada vez mais próximo dos partidos social-democratas e de *direita* e se importando demasiadamente com os processos eleitorais.

Considerava as eleições um paliativo e não deveria ser o objetivo principal de um partido que se considerava e se intitulava um partido de *esquerda*. *Esquerda* para mim estava se tornando sinônimo de *revolucionário*, e verificava o PT negociando excessivamente com a classe dominante e com partidos de direita, e, negociação era oposto de *revolução*[54].

Conforme as teorias marxistas, a arma fundamental dos trabalhadores deveria ser o partido político revolucionário, que ajudaria-os a se organizar para a efetiva tomada do poder.

Com base em uma concepção ideológica *revolucionária*, iniciou-se uma discussão nacional para a formação de um novo partido político para agrupar as pessoas afins a estes ideais.

---

54 Revolução – *"Transformação radical de uma estrutura sócio-econômica. No plano político, implica a substituição dos grupos detentores do poder e de suas bases sociais de apoio. Em termos econômicos, há transformações profundas no sistema de propriedade e na estrutura da produção e repartição de bens. No marxismo, é entendido como substituição de um modo de produção por outro, no qual emergem novas classes sociais, ascendem ao poder político, num processo em que também se definem e consolidam novas formas de propriedade."* (Sandroni, Paulo; *Dicionário de Economia;* 1994).

Muitas foram as reuniões, inclusive para definição do nome do partido: PSTU – Partido Socialista dos Trabalhadores Unificado[55].

Particularmente, não havia gostado do nome, soava estranho aos ouvidos, parecia errada sua estrutura gramatical, mas era a "nossa cara", era o almejado: um grupo que lutasse e tivesse propostas avançadas em relação ao Socialismo ou Comunismo[56].

O Socialismo seria uma ponte para o Comunismo. Este último era o objetivo final, o ideal máximo.

Nenhuma experiência socialista ou comunista já ocorrida no mundo era tomada por parâmetro, porque em nenhuma delas houve a democracia em lugar da ditadura.

O Socialismo seria democrático e não ditatorial, embora Marx tivesse escrito sobre a "Ditadura do Proletariado", que seria uma transição entre o Socialismo e o Comunismo, quando seriam criadas todas as condições para a supressão das classes sociais.

Com a democracia nos governos, os trabalhadores seriam os verdadeiros governantes, sem regalias ou diferenças. O povo estaria representado no poder através de suas *organizações:* sindicatos, associações, comissões, dentre outros.

No estado de 3, havia apenas a *Corrente Convergência Socialista* e os militantes da *CUT pela Base* – esta última com atuação apenas no movimento sindical. Ambas saíram do PT

55 PSTU – Partido Socialista dos Trabalhadores Unificado – Partido Político fundado no Brasil em 1992 sob a denominação de PRT – Partido Revolucionário dos Trabalhadores. Transformado em PSTU em 1994. Registro definitivo pela Resolução/TSE nº 19.420, publicada no D.O.U. de 08/03/96. No Brasil, houve outro partido com a mesma denominação PRT fundado em 1968 e extinto em 1971.

56 Comunismo – *"Doutrina que defende a abolição da propriedade privada dos meios de produção, a distribuição igualitária dos bens produzidos pela sociedade e que a organização da riqueza social seja feita pela própria comunidade de produtores. Propõe ainda a extinção do Estado, o auto-governo da coletividade e o fim das classes sociais."* (Sandroni, Paulo; *Novo Dicionário de Economia;* 1994).

e participaram das discussões para a fundação do PSTU, compondo sua diretoria no estado.

Foi realizada em São Paulo a primeira Convenção Nacional do PSTU para a fundação oficial, momento histórico no qual estive presente com meus *camaradas* do partido.

Ingressei inteiramente neste novo projeto: a consolidação de um *partido revolucionário*.

As correntes *trotskistas*[57] do PT haviam se filiado ao PSTU e algumas pessoas que chegavam a cogitar ideias anarquistas (não o anarquismo[58] em si).

As campanhas para a legalização do partido foram intensas, incluindo visitas dos camaradas a várias cidades para se estabelecer o número mínimo de filiados exigido pelo Tribunal Eleitoral.

Assumi também um cargo de direção, embora nem me lembre para qual função. Este cargo seria apenas para efeito legal junto ao Tribunal Eleitoral, pois as discussões eram sempre feitas pelos presentes às reuniões.

O trabalho era dividido e todos participavam, cada um assumindo responsabilidades de momento para determinada tarefa ou mobilização.

Meus amigos ex-dirigentes do sindicato de saúde e previdência que trabalhei mantinham os contatos nacionais por meio

57 Trotskismo – *"Desenvolvimento teórico e prático do marxismo (q. v.), realizado pelo político soviético Lev Davidovitch Bronstein (1879-1940), dito Trokski, e que se baseia na tese da "revolução permanente" (mundial), em oposição à tese do stalinismo. 2. O conjunto dos métodos políticos, econômicos e sociais defendidos por Trotski. 3. Adesão ao trotskismo, ou simpatia por ele."* (Ferreira, Aurélio Buarque de Holanda; *Novo Dicionário Século XXI: o Dicionário da Língua Portuguesa;* 1999).

58 Anarquismo – *"Movimento que atribui ao homem como indivíduo e à coletividade, o direito de usufruir toda a liberdade, sem limitações de normas, de espaço e de tempo, fora dos limites existenciais do próprio indivíduo* [...]" (Bobbio, Norberto; Matteucci, Nicola & Pasquinos, Gianfranco; *Dicionário de Política;* 1986); O revolucionário russo Mikhail Alexandrovitch Bakunin (1817–1876) foi o criador do anarquismo coletivista.

das Federações e do próprio partido, atualizando o grupo quanto à recentes discussões do novo partido.

As lideranças eram denominadas "capas-pretas". O sentido atribuído a este termo pelos *movimentos* não consta nos dicionários, contudo não era usado com o significado de "pessoas sinistras". Era usado no sentido de "líder". Assim eram chamados os líderes, dirigentes nacionais e estaduais, não somente do PSTU mas de todos os *movimentos de esquerda.*

A *análise de conjuntura* do PSTU era sempre sob o enfoque do Socialismo e das formas de organização da sociedade em *entidades de base.*

Experiências em outros países demonstravam não haver uma forma ou fórmula ideal para a implantação de um Sistema Socialista.

As análises acerca dos países comunistas ou socialistas muito deixavam a desejar, no que se refere à utilização da democracia. Discordava da ditadura implantada em Cuba e do excesso de abertismo ao Capitalismo ocorrido na ex-União Soviética.

Sabia que, se por um lado a implantação do Socialismo se desse por imposições ou ditaduras, corria-se o risco da não obtenção de aceitação geral, dando abertura a revoltas isoladas ou coletivas com consequentes mortes.

Por outro lado, seria uma grande utopia aguardar toda a população se "conscientizar" quanto à melhor forma de implantação do Socialismo, por meio de um consenso de toda a sociedade.

O Socialismo Científico, ou Socialismo Marxista, rompeu com o Socialismo Utópico porque partia de uma análise crítica da realidade política e econômica e defendia uma ação mais prática e direta contra o Capitalismo, por meio da organização do proletariado.

Apesar de defender o Socialismo Científico, o próprio modelo de sociedade era, por si só, utópico. Partia do princípio de que todos teriam os mesmos direitos, não haveria classes sociais e as condições de vida seriam as mesmas para todos os cidadãos.

Para se alcançar o Socialismo por meio de uma mudança radical, inevitavelmente seria necessária a realização de uma *revolução*. O *processo revolucionário* seria o único meio para a instalação de um Governo Socialista.

Pensava nas eleições servindo apenas para facilitar as reformas de Estado, sendo os partidos políticos que priorizavam as reformas considerados social-democratas e não socialistas, como era o caso do PT.

A *reforma* era muito diferente de *revolução*. *Reformas*, como diz o nome, não representam mudanças profundas na sociedade, mas superficiais, mantendo a estrutura anterior. As eleições sempre proporcionariam mudanças superficiais, pois os novos governantes sempre promoveriam reformas.

O objetivo final de alcançar uma sociedade igualitária era o maior senso de fraternidade e solidariedade que poderia conceber na época. Visualizava um futuro feliz, todas as pessoas bem alimentadas, com saúde e educação. Os serviços seriam públicos e gratuitos, e todos teriam acesso ao ensino, à moradia, ao emprego e ao lazer.

As experiências *revolucionárias* já ocorridas em todo o mundo deixaram marcas profundas de violência. Incoerentemente, não imaginava uma *revolução* acontecendo, para não imaginar as mortes que ocorreriam.

O processo em si de transformação não era valorizado por mim. Era fácil defender a *revolução*, difícil seria pegar em armas quando da tomada do poder.

Quando imagino, hoje, um *processo revolucionário,* associo diretamente à violência, contudo, não era assim que pensava assim antes. Sonhava com a igualdade entre os homens e como poderia ajudar a construir esta sociedade mais justa.

Considerava ser o impedimento à construção desta sociedade a classe política e econômica dominante que, ao não aceitar submeter-se à vontade do povo, seria a primeira a sofrer as consequências de uma *revolução.*

Num *processo revolucionário,* o povo se mobilizaria para tomar o poder e a participação das *massas* promoveria as pressões contra os dirigentes do país. Uma quantidade grande de pessoas poderia ser capaz de dominar e dirigir os acontecimentos: "a união faz a força".

A intenção inicial das *massas* não seria a violência, mas esta seria a consequência imediata, já que o povo, através dos movimentos populares, se organizaria, decidiria o que fazer e como fazer para tomar o poder, enquanto os governantes, por sua vez, usariam dos seus meios para tentar impedir a mobilização popular. Estes meios, geralmente, seriam os órgãos de repressão e as Forças Armadas.

A violência ocorreria inevitavelmente num processo revolucionário, sendo promovida pelos próprios *revolucionários* ou pela classe dominante.

Havia uma corrente defensora das pessoas se alistarem no exército apenas para aprender a manobrar as armas a fim de atuar no momento da *revolução.* Meu grupo mais próximo discordava disso.

Mesmo considerando-me revolucionária, a ideia de tirar a vida de uma pessoa não estava intrínseca em mim. Meu senso de humanidade não permitiria sequer tomar uma arma nas mãos. Tinha verdadeira aversão a qualquer tipo de violência, contudo não pensava nos meios, somente no fim: o Socialismo.

Pensava que tudo deveria ser resolvido aqui, nesta vida, e o fato de haver desigualdades era um incentivo para me motivar e continuar lutando até o momento da instalação de um governo dirigido pelo próprio povo, por meio das *entidades de classe*.

Mesmo tendo como objetivo a igualdade entre os homens, sentia revolta contra todas as pessoas que estavam no poder, independente de conhecê-las ou não, de saber seu caráter ou seu nível de ética ou assistencialidade. Só o fato de estarem na direção de uma empresa ou num Parlamento, já era motivo suficiente para serem "bombardeadas" com acusações de exploração.

Os sentimentos eram de indignação, rancor, ódio, vingança por quem estava no poder. Sequer tinha noção quanto ao holopensene[59] envolvendo estas ideologias. Qualquer atitude repercute energeticamente em outras consciências, aumentando o senso de responsabilidade quanto a todo e qualquer pensene empregado.

Hoje percebo haver um dinamismo e uma lógica em tudo que ocorre no Universo. São as sincronicidades. Nada ocorre por acaso. Cabe a cada um buscar a compreensão de seu papel em cada momento e em cada local, e utilizar o livre-arbítrio na tomada de decisões.

Chegava a acreditar na existência das energias, de alguma *força* capaz de modificar os acontecimentos, porém, não levava a sério estas percepções.

Ciente de possuir uma intuição inata, não dava muito valor, considerava *coisa de mulher*, o tal *sexto sentido*. Tinha medo de pensar em algo não relacionado ao dia a dia, à matéria em si.

---

59 *"Holopensene (holo + pen + sen + ene) – Pensenes agregados ou consolidados. Sinônimo envilecido pelo uso: egrégora. Esta palavra gera resistência em larga faixa dos leitores sérios das ciências."* (Vieira, Waldo; *Projeciologia: Panorama das Experiências da Consciência Fora do Corpo Humano;* 2002).

Percebo hoje a incoerência de ter vivenciado fenômenos parapsíquicos na infância e na juventude negar as próprias experiências, seja por viver na dimensão intrafísica, seja por me considerar materialista[60].

Pensava que a religião não existiria na sociedade socialista almejada, pois as pessoas não precisariam esperar nada do *além,* pois a vida intrafísica lhes daria todas as condições de tranquilidade e felicidade.

Todos os misticismos, dogmas, filosofias de vida ou qualquer maneira de busca de autoconhecimento eram, para mim, alienação ou "ópio do povo". Considerava todos semelhantes, se diferenciavam apenas pelos métodos utilizados, os quais faziam as pessoas se afastarem da realidade e se tornarem exploráveis com mais facilidade. Considerava, principalmente a religião católica, instrumento usado pelos governos e burgueses para deixar o povo passivo e aceitar todas as regras impostas pelo Capitalismo.

No início da formação do PSTU, houve a coligação com outros partidos de esquerda no estado de MS até se ter condições de lançar candidatos próprios, com a palavra de ordem: "contra o burguês, vote 16".

---

60 Materialismo – *"Vida voltada unicamente para os gozos e bens materiais* [...] *Tendência, atitude ou doutrina que admite, ou que a matéria, concebida segundo o desenvolvimento paralelo das ciências, ou que as chamadas condições concretas, são suficientes para explicar todos os fenômenos que se apresentem à investigação, inclusive os fenômenos mentais, sociais ou históricos. O materialismo se afirma sobretudo ante o problema da origem do mundo (que dispensa a criação divina e se explica em termos evolutivos), o problema ético (dele resultando moral hedonística), o problema psicológico (orientando a pesquisa no sentido de estabelecer as relações diretas entre os fenômenos psíquicos e as reações do organismo aos estímulos ambientais), e o problema do conhecimento (em que afirma a adequação da razão ao conhecimento do mundo, adequação que se evidencia pelo incessante progresso do conhecimento científico."* Materialismo dialético – *"Doutrina fundamental do marxismo, cuja idéia central é que o mundo não pode ser considerado como um complexo de coisas acabadas, mas de processos, onde as coisas e os reflexos delas na consciência, i. e., os conceitos, estão em incessante movimento, gerado pelas mudanças qualitativas que decorrem necessariamente do aumento de complicação quantitativa."* Materialismo histórico – *"Doutrina do marxismo que afirma que o modo de produção da vida material condiciona o conjunto de todos os processos da vida social, política e espiritual."* (FERREIRA, Aurélio Buarque de Holanda, *Novo Aurélio Século XXI: o Dicionário da Língua Portuguesa;* 1999).

Alguns militantes chegaram a questionar se eu não gostaria de me candidatar, porém, não me sentia em condições de concorrer às eleições com meus próprios amigos do PSTU e dos outros partidos de esquerda. Tinha também receio de obter poucos votos porque não possuía uma categoria que dirigisse (na época ainda era funcionária de sindicato).

Minha atuação no PSTU foi mais intensa durante o início de sua fundação. Fatos relatados nos próximos capítulos fizeram-me afastar por um tempo para, posteriormente, me desligar definitivamente.

Entreguei o pedido de desfiliação para minha melhor amiga, a quem convenci a ingressar ao partido. Este fato foi gerador de um sentimento de responsabilidade grupocármica porque, por mais que a decisão de ter inserido na militância tenha sido dela, o convite partiu de mim. Assumo a parcela da responsabilidade que me cabe e me esforço para evitar erros semelhantes.

VIVENDO A VIDA

SENSAÇÕES DE LIBERDADE

Estando envolvida com as pessoas que considerava *de vanguarda,* buscava a conquista de minha total liberdade, condizente com minhas ideias "avançadas". Planejei, então, mudar da casa dos meus pais para morar com uma amiga do sindicato de saúde e previdência.

Por ser a primeira de toda a família a sair de casa, foi um tanto difícil enfrentar a falta de compreensão dos familiares. Na realidade, nada posso cobrar porque não me esforcei para fazê-los entender meus motivos.

Fui levando meus pertences aos poucos, sem ninguém perceber e, quando meus pais viajaram, levei o restante dos móveis do quarto. Quando eles voltaram, eu simplesmente não morava mais lá. Só hoje consigo imaginar o impacto sentido por eles.

Após alguns dias, fui visitá-los. Tive uma conversa com meu pai que me entendeu e se dispôs a ajudar financeiramente na faculdade. Meu orgulho não me permitiu aceitar no ato, mas quando precisava, acabava recorrendo a ele.

Queria conseguir os bens materiais por mim mesma sem depender de pai ou marido. Excluindo a fase da adolescência, não pensava em me casar, pois achava que não teria vida própria e me indignava só de imaginar dando satisfações para um homem.

Descartava a ideia de ter filhos. Achava que as mulheres eram injustiçadas na questão da maternidade pois, em sua maioria, os homens não assumiam o verdadeiro papel de igualdade nos cuidados com os filhos, ficando sempre a mulher com esta responsabilidade, que eu considerava ser do casal.

Não gostava nem de imaginar meu corpo se modificando numa gravidez, e a liberdade que tanto buscava indo embora em detrimento de outra pessoa, mesmo sendo um bebezinho lindo. Seria obrigada a abrir mão de minhas atividades para cuidar de bebê, e isso estava distante dos meus planos.

Fui adquirindo meus bens e comprei minha primeira moto. Com o tempo, fui trocando até chegar num modelo imenso para meu porte físico. Para usá-la, tinha que deixá-la apoiada no pedal porque não alcançava os pés no chão.

Fui motoqueira por aproximadamente três anos, e para onde ia, seja às festas ou às passeatas, levava meu capacete e uma mochila contendo capa de chuva – aprendi depois de tomar vários banhos de chuva. Além de ser mulher e pilotar uma moto, os acessórios ajudavam-me a chamar mais atenção ainda.

Pilotar era sentir o prazer de colocar em prática a sensação de liberdade. O vento no rosto, o domínio sobre a velocidade, era quase como estar projetada fora do corpo, quando não se sente o peso do soma e se pode ir para qualquer lugar instantaneamente (similaridade só percebida hoje).

Depois de viver momentos marcantes relacionados com moto, relatados no próximo capítulo, troquei-a por um carro, principalmente devido à questão de segurança. Moto é um meio de transporte que deixa o piloto vulnerável porque está com seu corpo todo exposto. Só o cuidado do piloto com o uso de capacete não é suficiente para evitar acidentes graves ou fatais. O capacete não protege contra rodas de carros, por exemplo.

Quando estava em casa, fato raro, fazia pequenas reuniões para discutir algum assunto específico ou para ouvir música com meus amigos. Adorava Maria Bethânia e Caetano Veloso, mas gostava dos quatro da *Tropicália (Doces Bárbaros)*, de MPB e Bossa Nova.

Fazia festinhas ao som de músicas consideradas "cabeça" por fazerem alguma crítica social ou protesto ao governo, ou por possuírem letras inteligentes, embora não fossem muito comercializadas e divulgadas na mídia como sendo as melhores do ano.

Um lazer era participar de eventos culturais, shows ou mesmo festas dançantes. Comemorações por datas históricas, como o aniversário da morte de Che Guevara[61], também eram frequentes e, obviamente, eu estava presente em todas.

Tinha aversão a tudo que fosse muito comercial e até minhas roupas eram diferentes. Evitava me vestir conforme a moda vigente porque considerava um incentivo ao Capitalismo e ao consumismo dele decorrente. Quando vestia alguma camiseta, era de algum *movimento,* com mensagens de *esquerda* ou aquelas com temas considerados "massa" ou "legais".

Gostava de detalhes, bolsas e acessórios na cor lilás por representar a cor do movimento feminista. Usava roupas indianas e sandálias de amarrar no tornozelo ou alpargatas; pulseiras, brincos e colares grandes e exóticos, sempre combinando nas cores. Adquiria-os em minhas viagens ou em *feiras-hippies.*

Fui me adaptando à nova vida com alguma dificuldade financeira, porém consciente de ser uma opção pessoal; poderia ter recebido todo o conforto na casa dos meus pais, mas queria ser independente. O que pensava ser dependência poderia ser prazer para eles, contudo, pensava diferente na época.

Este foi um período de afastamento da família porque era ocupadíssima com os compromissos político-partidários. Minha

61 Ernesto Guevara de La Serna (1928–1967) – Conhecido por Che Guevara. *"Revolucionário e líder político argentino-cubano."* (*Grande Enciclopédia Larousse Cultural,* 1998).

vida se resumia ao trabalho diário, vida noturna na faculdade e finais de semana em reuniões, eventos, assembleias, passeatas e organizações de *frentes de lutas* em favor do trabalhador.

Apesar de todos os compromissos, ainda sobrava tempo para entrar em crises existenciais. Quando ficava sozinha em casa sentia uma sensação de vazio imenso e um tédio profundo. Não tinha vontade de fazer nada, nem de pensar, apenas de chorar e me sentir inútil, embora com inúmeras atividades lotando minha agenda.

Nestes momentos, não adiantava assistir televisão ou ler informativos da *esquerda*. Tinha também desânimo para visitar a família ou os amigos. Era como se não sentisse nenhuma reação, estímulo e motivação, apenas uma tristeza sem causa aparente. Sentia uma sensação de não estar fazendo o suficiente, de não estar ajudando a ninguém, nem a mim mesma.

Hoje percebo ter entrado em melin, condição da melancolia intrafísica, que caracteriza-se por uma "sensação de vazio, depressão e falta de auto-estima", e ocorre pelo desvio na programação existencial, quando não se está no caminho certo quanto ao planejado na dimensão extrafísica antes de renascer.

Eu não imaginava que antes do renascimento há a elaboração de uma planilha evolutiva, a programação existencial e, ao haver o afastamento dos objetivos essenciais definidos no período intermissivo[62] (entre duas vidas), tem-se a sensação do não cumprimento do estipulado como prioridade.

Achava que isso só ocorria comigo. Desconhecia o fato de muitas pessoas também vivenciem este tipo de melancolia sem identificar sua origem, não havendo uma satisfação em nada, indo num crescente até a insatisfação total.

---

62 *"Intermissão – Período extrafísico da consciência entre duas das suas seriéxis pessoais."* (Vieira, Waldo; *Projeciologia: Panorama das Experiências Fora do Corpo Humano;* 2002).

A alternativa para a saída desta condição é a busca do autoenfrentamento através do conhecimento profundo de si mesmo, e da identificação de quais características precisam ser melhoradas para sentir-se mais fortalecido, mais maduro, mais lúcido quanto à sua realidade consciencial, sua essência e sua manifestação além dos cinco sentidos físicos do corpo.

Ao se verificar possibilidades reais de ajudar a si mesmo e ao próximo, acabam-se as crises de melancolia intrafísica. Pensava estar ajudando, mas a forma estava equivocada.

Há várias formas de se fazer assistência. Existe aquela onde a ajuda vem pelos recursos materiais, seja comida, vestuário. Esta é uma forma de assistência ainda necessessária porque ainda há muita fome e muita miséria neste planeta.

Outro modo de se fazer assistência é através das ideias àqueles que podem compreendê-las. Em vão querer conscientizar quem está com fome, neste caso, ainda é necessário satisfazer o apetite primeiramente.

Acreditava mesclar estes tipos de assistência: ao mesmo tempo ajudava a arrecadar alimentos aos sem-terra e conscientizava os sem-teto quanto às suas lutas e seus direitos.

A assistência através das ideias pode ir além da *conscientização de classes.* Será mais abrangente se considerar o repasse de informações de ponta que abarcam a multidimensionalidade e o caráter multiveicular das consciências.

Esta perspectivação quanto à sobrevivência ao soma promove um senso de aproveitamento do tempo e um melhor planejamento quanto aos recursos necessários para se buscar um equilíbrio emocional e mental. Pode-se dar *ferramentas* para cada um buscar a identificação de seus veículos de manifestação e se descobrir atuando lucidamente nesta e em outras dimensões, sobrevivendo ao soma e interagindo energeticamente com outras consciências.

AFETIVIDADE: GANHOS E PERDAS

Minha convicção era que "os homens são todos iguais", machistas e dominadores. Jamais aceitaria ser submissa a eles. Decidira jamais abrir mão de meus conceitos e de minha liberdade em função deles.

Tive paqueras no *movimento de esquerda,* mas nenhum relacionamento duradouro. Pelo menos até começar a receber cartões românticos do R., um dos dirigentes do PSTU.

Eu não buscava envolvimentos com ninguém e não sentia nada por ele. Ele era treze anos mais velho que eu e não considerava-o bonito, característica considerada a mais importante depois da militância política.

Ele começou a enviar cartões, bilhetes e poesias com temas voltados a sentimentos autênticos e amores eternos. Admirava a maneira inteligente dele selecionar os trechos e traduzir a essência do que sentia, sem timidez ou restrições.

Era ótimo para o ego ter alguém interessado em mim, mas não sentia o mesmo por ele até que uma amiga me alertou para o fato de qualquer mulher desejar estar em meu lugar e para tomar cuidado em não magoá-lo, caso não correspondesse ao seu sentimento. Pensei nas palavras dela e comecei a prestar mais atenção nele.

Fui identificando uma atração e resolvi dar uma chance a ele e a mim mesma. Decidi paquerá-lo num evento sindical, mas ele não foi e sempre quando planejava ficar com ele, não dava certo. Esta situação foi gerando expectativa e um interesse maior, afinal, o mais difícil torna-se mais instigante.

Estando na residência de um casal amigo, ele se ofereceu para me acompanhar até em casa. Neste dia aconteceu o primeiro beijo e fiquei encantada com tamanha delicadeza e carinho da parte dele por mim.

A partir deste momento, fui me envolvendo e iniciei um relacionamento afetivo, sem abalar minha liberdade. Continuava a fazer o que me dava vontade, quando e como quisesse, e saía com ou sem ele para festas, reuniões políticas ou manifestações públicas.

Cada um preservava sua individualidade, sem pensar em *papéis* de homem ou mulher ditados pela sociedade. Ele era mais maduro do que eu, ponderado e mais racional. Agia conforme seus princípios pessoais, tinha uma tranquilidade íntima de seguir a si mesmo e eu o admirava por isso. Era uma das pessoas mais queridas do *movimento.* Militantes de todos os partidos gostavam dele.

Era difícil admitir estar gostando dele, porque, com isso, demonstraria fraqueza, apesar de não considerá-lo machista. Isso gerava um conflito íntimo entre meus conceitos quanto ao machismo e o que a experiência estava me demonstrando.

Ele estava além do imaginado em um homem, era romântico, delicado, fraterno com as pessoas, sereno, atraente, inteligente e continuava me enviando presentes e poesias.

A compatibilidade pelos mesmos gostos, lugares, amigos e ideologia aumentava a cada dia, passando a conhecer cada detalhe um do outro, cada traço da personalidade, cada ruga de preocupação, e a certeza dos sentimentos mútuos.

Éramos um casal *diferente* dos demais e a afinidade era perceptível pelas pessoas, tamanha a empatia. Havia diálogo e interdependência, auto e heterocríticas construtivas constantes. As tarefas domésticas eram divididas, a preservação da independência financeira mantida, os objetivos eram os mesmos e as ideias e projetos compartilhados.

Havia tanto afeto, tanta ternura que me sentia *a mais feliz das mulheres.* Sua presença me envolvia de maneira profunda e intensa. Não mais saía sem ele aos eventos ou mobilizações porque sentia faltar algo.

Atendia a inúmeros telefonemas em meu trabalho, mas sabia, antes de atender, quando era ele. Sentia como se sua voz *entrasse* na minha cabeça.

A convivência com ele representou um *divisor de águas* para o início de minhas mudanças íntimas, da quebra de orgulho feminista à autoconstatação de conseguir vivenciar um sentimento tão profundo por alguém.

Assim passou-se o tempo e a vida cotidiana era mantida até um sábado de manhã, quando ele foi até minha casa. Senti uma dor na região do coração, fato nunca ocorrido antes. Era uma dor física e ele brincou dizendo ser sinal da existência de um coração. Depois constatei ser um aviso, um sinal do que estaria por acontecer.

Ele foi embora e me ligou à tarde com uma música tocando ao fundo: Elis Regina cantando "eu quero uma casa no campo...". Disse palavras inesquecíveis e fez um convite inesperado para morarmos juntos.

Pedi para vir até minha casa para planejarmos uma possível mudança, talvez até de cidade, mas este momento jamais aconteceu porque ele sofreu um acidente de moto a 300 metros de onde eu estava.

Ele era uma pessoa cuidadosa, não pilotava sem capacete nem em alta velocidade. Justamente neste dia, por algum motivo desconhecido, não usava capacete, fato singular.

Recebi a notícia através de minha mãe e irmã. Elas tentavam, em vão, me acalmar, mas eu só conseguia pensar naquele telefonema ter sido uma despedida, apesar de fazer um esforço enorme para tirar esta ideia da cabeça.

No hospital, justamente onde minha tia era bioquímica, foi favorecido meu acesso à UTI – Unidade de Terapia Intensiva

– e pude permanecer ao seu lado até as enfermeiras me retirarem porque estava muito emocionada.

Minha tia e irmã estavam ao meu lado no momento mais difícil enfrentado nesta vida, quando uma amiga, enfermeira do movimento sindical, veio do quarto da UTI e me abraçou.

Ela nem precisou dizer nada, pois eu já sabia o que havia ocorrido. Só confirmei quando ouvi ela falar para minha irmã: "morte cerebral". E quase morri junto com ele.

Em estado de choque, *anestesiada,* sentia-me fora da realidade. Parecia um grande pesadelo. Não poderia ser verdade. Inconformava-me com uma mudança tão súbita de rumos em minha vida.

A sensação era de perda do sentido da própria vida e de extrema solidão. Impossível relatar a intensidade do sofrimento e da dor sentidos. Chorei vários dias sem parar, emagreci exageradamente e entrei em depressão profunda.

Minha mãe havia proposto para eu voltar a morar na casa de meus pais a fim de economizar dinheiro para comprar o próprio apartamento. Foi a melhor decisão tomada meses antes do acidente. Pude contar com a vigilância constante de minha família, os cuidados de minha mãe com minha alimentação e o carinho e atenção de todos.

Inúmeros amigos me ajudaram neste momento e o acidente me fez reconhecer o quanto era querida por tantas pessoas. Como era a mais nova, em idade, no partido político, sempre fui superprotegida, inclusive por ele. Era chamada carinhosamente de Rosinha *(Rôsinha)* pelos amigos. Pude perceber o quanto nosso círculo de amigos era grande, incluindo todos os partidos de esquerda, sindicatos, movimentos populares, faculdade e família.

Recebi telegramas de parlamentares de esquerda, sindicatos, Federações e Centrais Sindicais. Até mesmo a Assembleia

Legislativa Estadual fez um minuto de silêncio em sua homenagem pela contribuição ao movimento sindical estadual e nacional. Ele havia sido um dos fundadores da CUT no estado e respeitado líder político-sindical.

Minha chefe e amiga me dispensou do trabalho por um tempo para eu me recuperar do trauma. Outros amigos me falavam em vida após a morte. Eu não acreditava em nada porque era materialista, acreditava apenas na existência desta dimensão. Mas, em meio a uma confusão mental, passei a ter esperanças desta possibilidade, afinal, poderia ser uma chance de me encontrar com ele: "lá do outro lado".

As Revoluções Conscienciais Vivenciadas

As revoluções mais profundas
são aquelas promovidas pela própria consciência.
Resultam no "domínio" da própria vida
e no "poder" para dirigir o próprio destino.

DIFERENTES CONCEPÇÕES DE VIDA

BUSCA DE RESPOSTAS

Após a morte de R., passei por uma situação de extrema perda de controle emocional e desmotivação pela vida. Fiquei completamente desnorteada e somente desejava estar com ele novamente.

Retornei ao trabalho e, no caminho, pilotava a moto (ainda a possuía) aos prantos. As lágrimas não deixavam ver quase nada à frente. Hoje percebo a ajuda dos amparadores extrafísicos[63] protegendo-me de um acidente, embora estivesse buscando isso inconscientemente.

Concluí só haver uma solução para me livrar deste sofrimento: morrendo também. Não tinha noção de como iria fazer isso, mas estava decidida.

Escrevi cartas de esclarecimentos e despedidas à família, aos amigos e a algumas pessoas com as quais tinha dificuldades de relacionamento.

Comecei a planejar um suicídio, mas o grande impedimento era a tanatofobia (medo da morte). Tinha muito medo de morrer. Além do mais, sentia medo de não saber para onde iria ou de não me encontrar com ele.

As dúvidas eram muitas e a confusão maior ainda, nem sabia se admitia a existência de vida após a morte ou não.

---

63 Amparadores – Consciências extrafísicas auxiliadoras de uma ou várias consciências. Atuam em várias dimensões, de acordo com especialidades ou áreas, na assistência e esclarecimento das consciências. *"Expressões equivalentes, arcaicas, desgastadas e envilecidas pelo emprego continuado: anjo de guarda, ser de luz, guia, mentor."* (Vieira, Waldo; *Projeciologia: Panorama das Experiências Fora do Corpo Humano*; 2002).

Queria me encontrar com ele e queria superar o medo de morrer. Havia encontrado uma alternativa: iria buscar maneiras de resolver este medo a partir da causa.

Faria um tratamento psicológico para encontrar a origem do medo e, uma vez superando-o, poderia me suicidar (seria cômico se não fosse trágico).

Consultei-me com uma conceituada psicóloga que havia estudado nos Estados Unidos, com o psicólogo propositor da Terapia de Vidas Passadas – T.V.P. Relatei a ela sobre meus questionamentos e, obviamente, omiti meu plano de suicídio. As sessões continuavam e fui sentindo-me desestimulada porque as respostas obtidas não resolviam meus problemas. Desisti do tratamento.

Fui a um templo de esoterismo onde falaram sobre uma outra vida, na qual eu roubava das pessoas e era perseguida. Suspeitei da veracidade daquelas informações e achava que eles deveriam perceber minhas dúvidas e desconfiança sobre o relatado. Mais uma vez, não responderam aos meus questionamentos, fazendo-me desacreditar mais ainda nestas seitas.

Minha irmã indicou uma astróloga que traçou um mapa astral bastante preciso, afirmando sobre eu estar passando por um "momento de grande perda" e este fato seria um "divisor de águas", pois perderia alguém amado e me dedicaria à espiritualidade para a qual demonstrava potencial. Afirmava sobre eu poder ajudar muitas pessoas com o desenvolvimento do parapsiquismo.

O mapa continha informações condizentes com minha realidade daquele momento, mas também não resolvia meus problemas e não respondia sobre vida após a morte.

As dúvidas aumentavam conforme recebia informações de outras dimensões, por exemplo, quando uma amiga me contou ter sonhado com R. preocupado em me avisar que estava bem. Isso me deixava intrigada. Questionava-me: os sonhos têm algum fundamento? Têm eles a capacidade de registrar uma realidade? Tinha certeza absoluta dele tentar se comunicar comigo se realmente tivesse sobrevivido à morte, ou dessoma – desativação somática, desvinculação definitiva com o corpo físico.

Meus pais e irmãs eram convictos de ele continuar vivo. Eles eram Kardecistas, seguiam as doutrinas de Alan Kardec[64] e frequentavam um Centro Espírita, no qual meu pai era médium. Hoje quando penso nisso, vejo o quanto tinha informações sobre a multidimensionalidade em casa e nunca as assimilei.

Resolvi ir ao Centro Espírita com eles e, chegando lá, o Presidente orientou quanto ao fato de ter passado pouco tempo do acidente. Comentou sobre a possibilidade de ele estar em estado de repouso após a morte, período pelo qual algumas consciências passam antes de retomar a lucidez na dimensão extrafísica. Novamente, de nada adiantou.

Embora sem acreditar, comecei a fazer promessas, rezar e pedir (para não sei quem) que não o fizessem sofrer. Faria qualquer sacrifício pela tranquilidade dele. Passei vários dias com aquela ideia fixa.

No final desta mesma semana, uma pessoa desconhecida ligou contando ter recebido mensagem mediúnica em outro Centro Espírita, também Kardecista. Disse ter *se manifestado* uma consciência extrafísica, com o nome de R. pedindo para "avisar a Rose que estava bem e tinha dores de cabeça. Havia sentido uma tontura, não conseguindo controlar a moto".

Tive certeza absoluta de ser realmente ele. Acalmava minhas angústias dizendo estar bem e relatava a maneira como

---

64 Hippolyte Léon Denizard Rivail (1804–1869) – Conhecido por Allan Kardec. Adotou o *"nome que tivera há muitos séculos como Sacerdote Druida". "Codificador do Espiritismo."* Divulgador das experiências das "mesas girantes". Suas obras são referências para os espíritas e as organizações espíritas Kardecistas (centros e federações). (Spada, A. Merci; *Doutrina Espírita no Tempo e no Espaço: 800 Verbetes Especializados;* 2000).

ocorreu o acidente. Era uma incógnita o fato de não haver nenhum atrito no chão, poças d'água, freadas, nem carros em direção contrária, deixando a perícia confusa quanto à origem e o modo como ocorreu o acidente.

Fiquei em estado de euforia durante alguns dias. Não conseguia tirar aquelas palavras da cabeça. Pensava: ele sobreviveu à morte física! Este fato não deixou dúvidas quanto à continuação da vida após a morte. Era a comprovação da hipótese ser verídica, real.

Desisti da ideia de suicídio e joguei fora as cartas de despedidas. Minha irmã encontrou-as casualmente e acalmou-se. Ela me conhecia tão bem e, mesmo tendo omitido a ela sobre meus planos, suspeitava que eu estava planejando algo. Sem levantar minhas suspeitas, ela ligava diariamente para meu trabalho para saber se eu havia chegado bem. Só fiquei sabendo disso anos depois.

O fato de ter escrito as cartas me fez pensar sobre minha própria existência, as opções feitas e as priorizações. Ao relê-las, tive a oportunidade de olhar para mim mesma de maneira mais isenta, como se fosse outra pessoa analisando minha própria vida.

Este fato me permitiu ter um senso de maior valorização das pessoas de meu convívio, pois a perspectiva de não tê-las mais por perto ampliava a necessidade de aproveitar melhor suas companhias.

Com esta atitude, coloquei-me mais *aberta* e predisposta para conhecer outras realidades, outras maneiras de pensar e analisar a vida. Permiti a mim mesma ouvir informações às quais sempre considerei alienantes ou sem importância, diferentes daquelas condizentes com as *concepções de esquerda.*

Hoje, analisando os fatos anteriores ao acidente, verifico já ter havido uma preparação para sua dessoma, embora eu não percebesse, por estar condicionada à realidade intrafísica.

Lembrei-me de que, na mesma semana do acidente, pilotando minha moto, pensei: "tenho que combinar com o R. para, se um de nós morrermos, continuarmos nos amando". Tirei logo da cabeça, porque achei a ideia absurda.

No seu aniversávio, 10 dias antes do acidente, ele disse: "Só falta escrever um livro. Já plantei uma árvore e tive filhos, como diz o ditado popular". Eu me predispus a ajudá-lo porque achava sua vida digna de uma autobiografia, mas ficou só em palavras.

Hoje sei que escrevi este livro por ele também e sinto que ele deve ter me ajudado através da inspiração de ideias e energias da dimensão extrafísica. Percebi sua presença em diversas ocasiões enquanto escrevia.

CRISES DE CONCEPÇÕES

O fato de estar buscando o R. gerava o início de uma busca em mim mesma. Comecei a ler romances espíritas que me emocionavam e davam esperanças para os anos passarem mais rápido e eu poder envelhecer e dessomar logo, para ficar com ele definitivamente.

Estava me tornando uma pessoa diferente, fora da realidade: ou no passado, triste e deprimida com as lembranças; ou no futuro, melancólica e sonhadora com a possibilidade de um encontro com ele.

Em contato com uma tia dele, a qual sinto já conhecer de outras vidas, ela relatou-me sobre alguns sonhos lúcidos que tivera. Em um destes sonhos, ele disse estar bem, tinha um semblante bonito, mais jovem, e estava numa comunidade extrafísica agradável ajudando crianças. Isso me deixava mais tranquila porque ia constatando sua condição na dimensão extrafísica.

Minha melhor amiga, por vivenciar as experiências de projeções da consciência de maneira espontânea desde a infância, era quem mais me entendia. Comecei a colocar expectativa de ela se encontrar com ele fora do corpo e depois me contar o ocorrido. Sentia-me incapaz de promover as projeções da consciência pela própria vontade, como sei, hoje, ser possível a qualquer pessoa.

Imaginava-me sozinha, não ficaria com mais nenhum homem nesta vida porque achava que não encontraria ninguém com as mesmas qualidades dele. A motivação para continuar vivendo era a esperança de obter mais contatos com ele de alguma forma, seja em sonhos ou recebendo mensagens mediúnicas. Fazia de tudo para isso acontecer, pois havia prometido a mim mesma que o amaria para sempre.

Acabei me afastando do partido, não por divergência ou convicção político-ideológica, mas por necessidade de não fazer *rapport*[65] e me lembrar dele. Apesar do aprendizado novo sobre vida após a morte, a carência de sua presença ainda era um processo extremamente doloroso para mim.

Passei a observar mais os acontecimentos, as pessoas ao redor e a mim mesma, esquecendo o *povo* em geral. Comecei a me preocupar mais comigo, em estar melhor.

Ao encontrar com os amigos, sentia tristeza porque não estava com ele, principalmente quando via uma cena de discussão entre casais. Dizia: "Aproveitem a vida ao máximo; vivam como se hoje fosse o último dia de suas vidas". Era um modo de reforçar a autopiedade, pois me sentia vítima da situação e a pessoa mais infeliz da face da Terra.

Achava difícil alguém sofrer mais do que eu. Nem pensava sobre o quanto é difícil avaliar os sentimentos alheios, porque o traumático para uma pessoa pode ser perfeitamente superável para outra.

Eu não queria sair de casa para não me encontrar com as pessoas, senão voltavam as *choradeiras* e as consolações de todos sobre o tempo amenizar a saudade. Fui me afastando dos amigos, dos lugares, das reuniões e *mobilizações* frequentados no passado recente.

A ideologia socialista ainda estava intrínseca em mim, não abandonara aquilo que defendia de transformação social, mas só de pensar em ir para qualquer meio onde estivessem os amigos da *esquerda* já me desanimava pela perspectiva de voltar às crises de depressão.

De tanto ler sobre "vida após a morte", comecei a falar mais sobre este assunto e, obviamente, não convencia ninguém porque meu histórico era de revolucionária.

---

65 *"Rapport – Harmonia, afinidade ou ligação bioenergética e interconsciencial."* (Vieira, Waldo; *700 Experimentos da Conscienciologia;* 1994).

Alguns amigos ficaram preocupados comigo achando que eu estava *fora de mim,* com problemas psicológicos ou psiquiátricos sérios. A aceitação da realidade e o conformismo perante as situações não eram atitudes minhas. Não me sentia mais envolvida com os problemas sociais e não tomava nenhuma atitude de defesa dos direitos, como fazia antes.

Estava me distanciando do antigo grupo, tanto fisicamente, quanto nas ideias. Já não poderia mais me considerar materialista no sentido exato da palavra. A própria experiência estava descortinando uma nova realidade para mim e não poderia abrir mão do que estava vivenciando e aprendendo.

Depois de um tempo de afastamento dos *movimentos de esquerda* e de introspecção, passei a não me indignar com mais nada, passando ao conformismo de fato, num outro extremo das atitudes revolucionárias.

Notícias sobre o Governo não me afetavam mais e fiquei indiferente a tudo ao redor. Comecei a me conformar com a vida e com as pessoas. Pensava que cada um era de determinada maneira ou mantinham determinadas relações como maneira de resgatar *débitos passados,* de outras vidas.

Era uma fuga da realidade me isolar de todos e, ao mesmo tempo, desejar que pensassem, de uma hora para outra, a *revolução* não seria necessária e o Socialismo poderia ser vivido na dimensão extrafísica.

Passei a admitir haver um motivo para tanta miséria: as pessoas haviam sido más, por isso, estavam "pagando" pelos seus atos: "Colhe-se o que se planta". E, se existiam classes baixas era porque estas pessoas já tinham feito muita *bobagem* em outras vidas.

Relacionei sofrimento com maldades cometidas em outras vidas. Imaginava ter sido muito má para sofrer tanto com a morte do R. e estaria pagando por isso e assim acontecia com todas as pessoas.

O sofrimento é algo relativo, cada pessoa interpreta um fato de acordo com seu ponto de vista, suas concepções, suas crendices, seu nível de imaturidade e sua experiência de vida. Outra pessoa poderia ter passado pela mesma situação de perda do namorado, ou de qualquer ente querido, de outra maneira. Este peso, este fardo, este excesso de "sofrimento" de minha parte representava meu estágio atual de autossustentabilidade emocional defasada.

Fui incapaz de analisar os fatos de maneira mais racional porque ignorava sobre vida após a morte e também porque havia uma carência muito grande de sua presença. Só de pensar em estar sozinha, sem dar e receber carinho de alguém, já era suficiente para me fazer chorar, demonstrando um certo egocentrismo infantil, porque a preocupação era com meu próprio eu.

Ignorava o fato de todas as atitudes das pessoas dizerem respeito ao seu momento evolutivo, às suas afinidades energéticas e pensênicas e às suas imaturidades.

Pensar em ajudar outras pessoas contribui para a superação das próprias dificuldades. Cada um é um microuniverso rico e individualíssimo. Às vezes, uma palavra pode ser capaz de promover reflexões e mudanças íntimas no outro, sem lavagens cerebrais nem manipulações, apenas usando o exemplarismo com discernimento.

CONHECENDO O PARAPSIQUISMO

Estava ignorando tudo o que defendia em termos políticos, como se o passado tão recente não fizesse mais parte de minha vida. Sentia-me melhor com este distanciamento.

Mudanças íntimas estavam ocorrendo comigo de maneira rápida desde a dessoma do R. e ainda tinha esperanças de receber novas mensagens mediúnicas.

Queria saber mais sobre o ambiente onde ele estava e entender melhor o motivo daquele acidente, que havia me deixado completamente perdida.

Tornei-me amiga da pessoa que recebeu a primeira mensagem mediúnica vinda dele. Eu gostava de ouvir suas explicações.

Era um estudioso da Doutrina Espírita Kardecista, ao qual sinto imensa gratidão porque tive a oportunidade de ir conhecendo um pouco mais sobre esta outra realidade extrafísica (além da dimensão física).

Ensinava-me sobre haver várias dimensões simultaneamente permeadas de *espíritos* (consciências extrafísicas) que não mais possuem o corpo físico.

A curiosidade levou-me a querer entender cada vez mais sobre esta Doutrina. Um programa de estudos sobre os ensinamentos de Allan Kardec foi iniciado através de reuniões semanais onde ele, pacientemente, explicava os conceitos e contava sobre suas experiências com parapsiquismo, afirmando ser possível serem estabelecidos contatos com pessoas já *desencarnadas* (dessomadas), tal qual a experiência que tive ao receber a mensagem do R.

Comecei a compreender sobre a dessoma representar apenas uma mudança de dimensão. Descarta-se este corpo físico e passa-se a atuar na dimensão extrafísica, de maneira idêntica às projeções da consciência. A diferença é que com a dessoma não há mais o retorno ao corpo.

Aprendi sobre os contatos com estes *espíritos* (consciências extrafísicas) poderem se dar de diversas maneiras. Cada pessoa tem um tipo de mediunidade mais desenvolvido, embora não percebido ou valorizado.

Para desenvolver a mediunidade, iniciei uma série de experimentos parapsíquicos: exercícios de clarividência para desenvolver a capacidade de visualizar eventos ou ambientes extrafísicos, psicografia, projeções da consciência, retrocognição e outros.

A metodologia de trabalho era primeiramente a leitura de uma obra espírita e depois a realização dos experimentos para identificar o modo de proporcionar maior *abertura* para os *espíritos* se manifestarem através de mim.

Na época, detectei possuir certa facilidade com o fenômeno mediúnico da psicografia, onde um *espírito* acoplava ao meu braço e estabelecia uma comunicação através da escrita. Minha mão ia se tornando leve e escrevia sem meu comando. Achava impressionante a maneira com que meu braço se movia e fazia rabiscos sem minha intenção. Não cheguei a receber mensagens nítidas, mas identificava algumas palavras.

Numa outra experiência, meu amigo de estudo conduziu um relaxamento e pediu para eu ir dizendo tudo o que vinha à cabeça.

Sentia como se estivesse entrando num filme, vi determinado local e identifiquei uma pessoa se aproximando de mim. A fisionomia era diferente, mas a fraternidade em sua expressão e o seu olhar revelaram, para minha surpresa, ser meu namorado dessomado. A conclusão foi tratar-se de uma retrocognição. Havia relembrado fragmentos de uma vida passada.

Fiquei emocionada e com muitos questionamentos: qual o motivo de vê-lo naquele momento se não estava pensando nele? Como poderia ter sido imaginação se surpreendi-me com o desfecho inesperado da cena? Por que ele estava com vestimentas tão diferentes das roupas da atualidade e com outra forma física? Tive certeza de que era ele.

Alguns anos mais tarde, descobri ter existido um grupo na Europa, os *Cátaros,* perseguido pela Igreja Católica que se vestiam de maneira idêntica a qual ele estava vestido. Este foi um dos fatos a ajudar na confirmação de minha retrocognição.

Nos experimentos realizados, percebia a presença de *espíritos de luz* (amparadores extrafísicos), através dos sentimentos de profunda paz e gratidão. Sabia ser auxiliada por eles e desejava retribuir e ajudar outras pessoas, transmitindo também aquelas energias positivas recebidas.

Certa vez, ao final de uma noite de estudos, numa clarividência, visualizei uma amparadora acenando com a mão para mim. Pensei tratar-se de imaginação, mas ao questionar junto ao meu amigo, ele confirmou dizendo também ter visto a cena.

Este momento ficou gravado em minha memória tendo desmistificado a noção dos amparadores serem personalidades evoluidíssimas e que ficavam muito acima de nós. Se assim o fosse, como poderiam me dar *tchauzinho?*

Ignorava o fato de todos terem amparo de acordo com o trabalho que realizam, e quanto mais assistencial se é, mais assistência se recebe deles. Os amparadores podem não ser consciências com nível evolutivo extremamente superior ao do assistido, porém, têm maior visão de conjunto e maior compreensão das ocorrências em várias dimensões. Depende de cada um o nível do seu amparo.

Pedia a estes amparadores a oportunidade de estar com o R. novamente através dos fenômenos promovidos. Embora pensasse em aprendizado e desenvolvimento parapsíquico, o objetivo era sempre este.

Cheguei a enviar cartas para o médium Chico Xavier com o intuito de receber uma psicografia dele, porém, não obtive resposta.

Hoje sei que qualquer pessoa pode desenvolver a clarividência, a capacidade de obter retrocognições ou qualquer outra forma de perceber realidades extrafísicas ou promover qualquer fenômeno parapsíquico: a partir da expansão das energias do energossoma, pela impulsão da vontade e da determinação.

Em relação à psicografia, existe uma maneira mais avançada de relacionamento com consciências extrafísicas. Trata-se da projeção da consciência de modo lúcido, na qual pode-se encontrar e trocar informações pessoalmente com quem desejar, sendo desnecessário qualquer tipo de comunicação mediúnica.

Numa projeção da consciência tida neste período, ouvi nitidamente o R. me dizer: "Continue estudando, tá?". Jamais esquecerei o timbre de sua voz, tão carinhosa. Acordei com uma alegria imensa, pois tive certeza absoluta de ser ele. Conversamos mais um tempo, embora não tenha rememorado mais nada além desta frase, devido a eu ter entrado em estado de euforia extrafísica e perdido a lucidez.

Juntamente com meus pais e irmãs, passei a frequentar um Centro Espírita próximo de casa, onde ia *receber passes* de energias. Estava longe de minha imaginação poder ser autossuficiente com minhas energias e pela impulsão da vontade mobilizá-las, promovendo meu equilíbrio, sem esperar que alguém as doasse para mim. Naquele momento, ainda precisava da ajuda de outras pessoas.

Em casa, foi iniciado um estudo periódico sobre o Espiritismo Kardecista. Eu os dirigia evocando os *espíritos de luz* para acompanhar. Isso promoveu uma união forte entre o núcleo familiar, sanando todo e qualquer problema de convivência da fase da adolescência. Estabeleceu-se um relacionamento saudável e positivo. Passei a me sentir privilegiada por ter renascido com estas pessoas que se gostam, se respeitam e se ajudam tanto. Ainda sinto assim. Esforço-me para conseguir trazer para outras esferas de minha vida, a integração, o carinho e a compreensão existente entre nós.

Aproximando-me mais da família, voltei a participar das reuniões de finais de semana na casa de parentes, passando a me comportar de maneira menos radical, falando mais sobre os aprendizados do Espiritismo e menos a respeito de política.

Percebi o incentivo de todos para eu continuar neste rumo, porque ninguém nunca havia entendido bem os motivos para eu sair de casa, militar na política e mudar minha maneira de ser após o ingresso na faculdade. Preocupavam-se comigo e sentiam certo alívio em me ver bem e calma, mesmo entrando em crises de choro de um instante para outro ao ouvir uma música do Caetano Veloso ou ao presenciar algum fato que me remetesse à imagem do R.

O trauma ainda estava recente para tê-lo superado, mas sabia que não superaria sozinha. Para isso, buscava ajuda dos amigos, da família e dos *espíritos de luz*.

OPORTUNIDADE EVOLUTIVA

Sentia-me anestesiada quanto à política. Nem pensava mais nisso, como se nunca tivesse me envolvido com estes assuntos. Estava dedicada para novas descobertas e o afastamento do partido e dos *movimentos de esquerda* gerava um sentimento de vazio pelo tempo ocioso, pois sempre tive muitas atividades.

Ciente disso, minha irmã convidou-me para fazer um curso de desenho humano com uma amiga dela. Hesitei porque não tinha nada a ver comigo. Nunca havia me interessado por desenho. Resolvi aceitar para acompanhá-la e para conhecer pessoas diferentes, porque ainda continuava sendo difícil encontrar com antigos amigos.

Era uma turma com poucos alunos e com dinâmicas bastante interessantes. Primeiro aprende-se a desenhar os músculos e ossos para se aprender a desenhar qualquer corpo humano, mesmo caricaturas.

Questionava-me sobre o que estava fazendo ali numa atividade tão inabitual, mas continuei frequentando as aulas, estabelecendo nova amizade com a professora e sua melhor amiga, também sua aluna.

A professora contou sobre seus estudos a respeito do parapsiquismo através de uma instituição que pesquisa cientificamente estes assuntos. Disse ser natural da cidade do Rio de Janeiro onde conheceu o Instituto Internacional de Projeciologia – IIP (que depois tornou-se Instituto Internacional de Projeciologia e Conscienciologia – IIPC).

O IIPC é uma instituição de educação e pesquisa, de Utilidade Pública Federal, que se desenvolve a partir de atividades de voluntariado. Objetiva a divulgação das ciências Projeciologia e Conscienciologia, através de palestras, cursos, publicações, fóruns e congressos.

A Conscienciologia é uma ciência que dedica-se ao estudo científico da consciência na sua essência, com seus atributos, seus mecanismos de funcionamento, suas manifestações em outras vidas, seus vários corpos e suas reações perante às energias.

A Projeciologia, especialidade da Conscienciologia, aprofunda no estudo da projeção da consciência ou experiência fora do corpo, suas fases, formas de ocorrência e técnicas otimizadoras para a promoção do fenômeno pela vontade decidida. Tem como objetivo final o autoconhecimento, a aquisição de novos valores, com base em atuações mais universalistas, envolvendo as múltiplas dimensões e desmistificando a ideia de ser necessária uma iniciação ou um dom divino para isso.

A professora de desenho havia feito cursos no Rio de Janeiro e assumiu a responsabilidade, junto à Instituição, de colaborar voluntariamente na divulgação de suas ideias, tornando-se sua coordenadora na cidade.

Ela e sua amiga estavam organizando o primeiro evento do IIPC em Campo Grande, na Universidade Federal. Seria uma Palestra e um ciclo de cursos, para os quais convidou a mim e a minha irmã.

Entendi, na época, que os cursos ensinariam a sair do corpo de modo consciente e visualizei uma oportunidade de me encontrar com o R.

Senti enorme curiosidade, principalmente porque os nomes das ciências soavam diferentes.

Fiz a inscrição exatamente no mesmo local onde foi realizado o curso de desenho. A professora havia cedido seu escritório para este objetivo.

Fui recepcionada por uma pessoa que também havia feito estes cursos em outros estados e colaborava para a realização do evento.

Perguntei, ao chegar, se poderia sair do corpo e me encontrar com uma pessoa já dessomada. Ele sorriu confirmando e afirmou sobre este não ser o objetivo principal das pesquisas da Instituição. Ele disse ainda que o fenômeno da projeção da consciência era uma das maneiras mais otimizadoras de adquirir conhecimentos a respeito de si próprio. Enfatizou a importância da manutenção do discernimento e do senso crítico perante as informações a serem abordadas nos eventos.

Ao ficar ciente de que a Instituição não possuia fins lucrativos me prontifiquei a colaborar. Senti vontade de ajudar, antes mesmo de saber exatamente do que se tratava.

Chegando ao evento, deparei-me com mais de 160 pessoas na palestra gratuita. Considerado um número elevado por se tratar de assunto pouco difundido na cidade.

A representantante do IIPC, quem ministrou a palestra, apresentou a filosofia da instituição por meio do Princípio da Descrença: "Não acredite em nada, nem mesmo no que lhe informarem no IIPC. Experimente. Tenha suas experiências pessoais".

Achei interessante o repasse daquelas informações com fundamentação teórica lógica, sem o objetivo de convencer ninguém. Constatei haver avanços nos estudos científicos sobre os fenômenos projetivos, abordados como sendo manifestações naturais, fisiológicas podendo ser constatado por qualquer pessoa pela própria experimentação.

Impressionei-me com o fato de nunca ter havido um evento daquela Instituição em minha cidade. Ao mesmo tempo, sabia que se tivesse havido em outra época, jamais participaria. Ignoraria quem me convidasse e os chamaria de *alienados* politicamente.

Durante o ciclo de eventos, apresentou-se um filme e posteriormente houve um debate, quando tive a oportunidade de perguntar sobre *almas gêmeas,* motivo pelo qual estava ali. A professora descartou a possibilidade, classificando como romantismo da sociedade. Explicou sobre as pessoas possuírem maiores afinidades por terem vivido muitas vidas juntas, mas o ideal seria uma relação de *dupla evolutiva*[66].

Segundo ela, na dupla evolutiva, o casal se propõe a catalizar o processo evolutivo de ambos. O objetivo maior do relacionamento é a ajuda mútua, visando maior maturidade em relação à assistencialidade.

Fiquei decepcionada. Esta não era a resposta que gostaria de ouvir. Porém, não descartei as informações recebidas e preparei uma apostila com as anotações feitas nas aulas.

Era difícil distinguir a Conscienciologia do Espiritismo porque ambos falavam em vida após a morte, fenômenos parapsíquicos, energias, evolução e assistência.

Depois fui constatando que o enfoque da Conscienciologia apresentava-se isento de doutrinas, oferecendo mais opções para a realização do autoconhecimento. A análise de cada pessoa é fruto das autopesquisas. Quanto mais a pessoa se conhece, mais percebe os aspectos da sua personalidade a serem aperfeiçoados.

Fui entendendo sobre as dificuldades passadas não serem punições pelos erros de outras vidas. Concluí ser desnecessário haver sofrimento para evoluir. A evolução passa a ser uma escolha e uma decisão da consciência lúcida.

Havia associado sofrimento à vitimização. Sentia-me vítima do destino, *coitadinha,* por precisar enfrentar um trauma tão profundo. Assim deveria ser porque estava sendo punida pelos erros cometidos em outras vidas.

---

66 *"Dupla evolutiva – Duas consciências que interagem positivamente em evolução conjunta; condição existencial de evolutividade intercooperativa a dois."* (Vieira, Waldo; *Projeciologia: Panorama das Experiências Fora do Corpo Humano*; 2002).

As "coincidências" que ocorrem conosco são afinizações dos pensenes com determinados locais, pessoas e acontecimentos. Os pensamentos sempre estão associados aos sentimentos e estes, consequentemente, às energias. Ocorre uma atração para determinadas situações pelas sincronicidades. Não existem "vítimas", tem-se uma responsabilidade pelos fatos que ocorrem.

Encerrei meu ciclo de estudos sobre o Espiritismo, mais por falta de companhia do que por divergência ou opção lúcida pela Conscienciologia. "Coincidentemente", neste período, meu amigo de estudos sobre o Espiritismo decidiu mudar-se para outra cidade.

FAZENDO OPÇÃO

Tendo acabado o curso de Projeciologia e os estudos sobre o Espiritismo, novamente sentia-me entediada e com vontade de estar fazendo algo a mais, porém não sabia o quê.

A ideia de retornar à militância não passava pela minha cabeça. Havia promovido uma ruptura e nem sentia falta. Começava a questionar minha preocupação apenas com as condições materiais da sociedade, e também não gostaria de encontrar com meus amigos para não relembrar o passado. Teorias sobre Espiritismo e Conscienciologia ainda não eram capazes de me fazer deixar de sentir saudades.

Mais uma vez, com o objetivo de me distrair, minha irmã fez outro convite, para entrar em um grupo de teatro da Universidade Federal de MS. O grupo teatral ensaiava com um grupo de danças folclóricas. Ambos se apresentariam num evento Internacional de Arte e Educação.

Achei uma ótima opção para *matar o tempo*. Decidi participar dos ensaios e adorei as danças do outro grupo. Acabei ingressando nele depois do evento.

No início, tive dificuldades para formar amizades porque as pessoas eram muito diferentes daquelas com as quais convivia. Eram de diversas áreas e ligadas apenas pela arte. Aos poucos, fui me inserindo num círculo de amizades completamente novo.

Adorei estar num palco novamente, igual à época do movimento estudantil, sentia-me realizada. As músicas tocavam fundo em mim e as danças indígenas, sapateados e cirandas me fascinavam. As danças regionais eram tradicionais nas festas de minha família e dançava desde a infância.

Uma das dançarinas era psicóloga e dizia que muitas pessoas procuravam a dança e a arte como forma de terapia. *Vesti a carapuça*. Esquecia os problemas quando estava dançando. Durante as apresentações sentia-me bem naquelas lindas roupas e feliz ao ser aplaudida pela plateia.

Foi a primeira atividade que fiz junto com minhas duas irmãs, pois sempre havia me distanciado da família.

Viajava pelo interior do estado para fazer apresentações com o grupo e quando surgia alguma oportunidade, falava sobre Espiritismo e Projeciologia.

Antes das apresentações, o grupo formava um círculo e, de mãos dadas, fazia uma oração ou um pedido. Certa vez, numa última apresentação do ano, visualizei consciências extrafísicas vestidas de branco e identifiquei como sendo amparadores extrafísicos. Fiquei questionando o motivo de haver amparo naquele tipo de atividade.

Concluí que existem amparadores para todo tipo de atividade, mesmo que não seja o objetivo explícito de se fazer assistência, como é o caso da dança. O fato de levar alegria às pessoas era um tipo de benefício ao próximo, não sendo a maneira mais avançada, mas era a maneira que eu podia fazer naquele momento.

A cada dia ficava mais evidente a possibilidade de fazer algo diferente de levar conscientização de classe aos explorados. Crescia meu respeito às diversas formas de se fazer assistência.

Uma de minhas irmãs teve uma retrocognição, onde constatou ter estado envolvida com teatro numa outra vida, reconhecendo algumas pessoas do grupo e de fora do grupo de dança. Analisou o quanto estava repetindo outras vidas e desperdiçando tempo, decidindo sair do grupo.

Comecei a questionar se a decisão também valeria para mim e pensei em fazer o mesmo, mas era um tanto difícil. Por um lado, gostaria de continuar dançando, por outro, concordava com ela sobre minha vida poder ser direcionada para outras atividades como o desenvolvimento de outros atributos além do meu lado artístico.

Intimamente, faltava realizar algo para me sentir completamente satisfeita. Não desejava chegar a determinado ponto de minha vida e me arrepender de não ter feito algo que deveria fazer.

Identifiquei insatisfações íntimas ao me questionar: estou fazendo o programado por mim antes de renascer, estou de acordo com minha programação existencial? O que preciso fazer, agora, já, para reverter este quadro? A resposta era sair da acomodação de deixar a *vida ir passando,* para dirigir a própria existência, de acordo com a vontade e o discernimento apresentados naquele momento.

Esta atitude estaria relacionada com um trabalho comigo mesma de querer superar as dificuldades íntimas ou intraconscienciais.

Tomei a decisão de sair do grupo junto com ela e me dedicar somente aos estudos dos fenômenos parapsíquicos tão antigos para a humanidade e tão novos para mim que estivera durante anos envolvida com partidos políticos e movimentos populares.

MUDANÇA DE PARADIGMAS

ASSUMINDO RESPONSABILIDADES

A professora de desenho, juntamente com sua amiga, organizava o segundo evento sobre Projeciologia na cidade. Prontifiquei-me a ajudá-las, porque gostava e tinha facilidade com burocracias. Minha experiência com eventos sindicais e políticos ajudavam neste momento.

Na ocasião, ela comunicou sobre sua mudança para o Rio de Janeiro e isso representava um problema quanto à continuidade da realização de eventos na cidade.

Após conclusão do evento, encerrando os estágios básicos de Projeciologia e Conscienciologia, a representante do IIPC que fora ministrar estes cursos, solicitou uma reunião com alguns alunos para verificar se havia alguém com interesse em assumir a função, então vaga, de coordenação da Unidade IIPC em Campo Grande.

Na reunião, os participantes falaram sobre suas profissões e disponibilidades para atividades de voluntariado. Eu comentei já ter organizado vários eventos de grande porte como Congressos, Encontros e Simpósios, mas eram todos direcionados a *movimentos de esquerda*. Houve um consenso de que eu assumisse a Coordenação[67].

Senti-me precipitada em aceitar a função e fiquei insegura ao pensar na responsabilidade, mas, ao mesmo tempo, estava

---

67 Há vários anos, o IIPC admite o ingresso de colaboradores e coordenadores num nível de maior profissionalismo e maturidade institucional. Todos são *colaboradores*, voluntários que doam seu tempo e seu trabalho (administrativo, docência ou pesquisa) para ajudar na organização de eventos e na divulgação das ciências Projeciologia e Conscienciologia.

ciente de possuir capacidade para desempenhá-la. A então coordenadora deixou-me mais tranquila ao comunicar sobre sua continuidade no voluntariado até o momento de se mudar definitivamente.

Tudo estava ocorrendo de maneira bastante rápida. De colaboradora eventual passei a ser coordenadora da filial na cidade, mas estava disposta a novos desafios.

O grupo inicial era composto por mim, minha irmã, a ex-coordenadora e sua amiga. Com o tempo foram ingressando novos colaboradores.

Neste período, estava organizando minha vida financeira e resolvi investir em um escritório de contabilidade com alguns amigos do último sindicato em que trabalhei. Algumas salas foram alugadas na área central da cidade e, sendo bastante espaçosas, destinei parte do ambiente para o funcionamento de uma sede para o IIPC.

Já na condição de coordenadora, o terceiro evento foi organizado. A experiência em *entidades de classe* facilitava a visão de conjunto do necessário para manter a estrutura organizacional de uma instituição.

Enquanto atuava nas áreas administrativa e financeira, a ex-coordenadora ficou responsável pelo marketing e contato com a imprensa, enquanto os outros colaboradores preparavam e distribuíam os materiais de divulgação e faziam *telemarketing*.

Conforme desenvolvia meu trabalho, ia sentindo-me mais segura e mais satisfeita com uma sensação agradável de estar sendo útil e de estar ajudando a mim e a outras pessoas pela informação evolutiva.

Fui percebendo satisfação no que realizava, sentia-me bem ao pensar em cada cartaz ou telefonema ser um canal para levar pessoas aos cursos. Era uma forma de aprofundarem nas teorias e práticas da Conscienciologia.

A Conscienciologia é uma ciência que adota metodologia científica própria, embasada em autopesquisa e autoexperimentação, utilizando-se do paradigma consciencial.

O paradigma consciencial é fundamentado na própria consciência. Atua de acordo com os princípios reais da multidimensionalidade, multiexistencialidade, multisserialidade e bioenergética – existência de inúmeras dimensões, sobrevivência à morte física, renascimentos sucessivos para fins de aprendizado, e composição essencialmente energética de toda estrutura da consciência.

Fui adentrando num mundo totalmente diferente de tudo que havia vivido até aquele momento. As reuniões já não eram mais tão acalouradas de argumentações ou tentativas de convencimento, quanto a melhor ideologia. Os assuntos eram mais relacionados ao planejamento e organização de eventos ou debates pacíficos sobre o entendimento de cada um sobre os conceitos da Conscienciologia.

Um dia, numa das diversas correspondências recebidas da matriz, chegou um convite a todos os colaboradores: Uma Convenção do IIPC seria realizada em Foz do Iguaçu-PR.

Tratava-se de um evento destinado a reunir as Unidades Nacionais e Internacionais da Instituição, promover a troca de informações, divulgar os resultados dos trabalhos desenvolvidos durante o ano e apresentar os projetos a serem implementados.

Representando Campo Grande, fui a Foz para atualizar-me quanto à Instituição e conhecer diversas pessoas afinizadas pela ideia de assistencialidade.

Passei a ter uma noção de assistência maior do que compreendera até o momento. Assistir, ou ajudar outras consciências, pode ir além do patrocínio da melhoria das condições de vida intrafísica, promover a conscientização de classe ou dar alegria e lazer, conforme pensava antes.

Fui ampliando meu senso de discernimento e diferenciando a assistência pela consolação da assistência pelo esclarecimento. Assistência em alto nível significa esclarecer, ou repassar informações para as próprias pessoas poderem promover suas melhorias, sejam intraconscienciais ou materiais, por meio da organização dos próprios pensamentos, sentimentos, energias e ações. Isso ficava mais claro quando relacionava a um provérbio parecido com: "dar o anzol para pescar em vez de dar o peixe". A Conscienciologia "ensinava a pensar".

Existem mecanismos para o desenvolvimento da autoconsciencialidade. Mantendo o foco em si mesmo, a pessoa pode ir adentrando em seu mundo íntimo e descobrindo condicionamentos, repressões, talentos, potencialidades e genialidades. É um paradoxo a pessoa voltar-se para dentro de si para autossuperar, a fim de assistir outras pessoas de maneira mais confiante e madura.

Possuía as ferramentas necessárias à superação das próprias dificuldades, uma tentativa lúcida de equilíbrio interior através de acertos e erros sem culpas, sem autocobranças, com compreensão de meu atual nível evolutivo, até a capacidade para lidar com conflitos mais íntimos os quais só eu conhecia e vivenciava. Estava aumentando a intimidade comigo mesma.

Durante a Convenção, participei de diversas reuniões, assisti às apresentações e fiz cursos ministrados pelo Professor Waldo Vieira, fundador e Presidente do IIPC na época, autor de renome internacional e propositor das ciências Projeciologia e Conscienciologia.

Conheci o projeto que viabilizaria a construção de um megaempreendimento, o Centro de Altos Estudos da Conscienciologia – CEAEC, local onde haveria laboratórios para autoexperimentação dos fenômenos parapsíquicos e intraconscienciais a ser implantado em Foz do Iguaçu, Paraná, pela fartura de energias. Hoje, o CEAEC está em pleno funcionamento, tendo viabilizado, além dos itens constantes no projeto inicial, até a inédita criação e implantação da holoteca[68] e do holociclo[69].

Percebi o quanto era grande o trabalho a ser desenvolvido. Todas as pessoas lá reunidas tinham um único objetivo: a autoevolução e a assistência na evolução de outras consciências. Comecei a entender mais sobre a importância de se levar o conhecimento para cada um poder vivenciar suas próprias experiências e ser agente ativo da própria evolução.

Apliquei o significado da palavra "evolução" como contrário à estagnação, indicando "mudança" – de paradigmas, de maneiras de pensar e de agir, visando uma compreensão maior da vida intrafísica e da multidimensionalidade.

A motivação aumentou conforme comecei a perceber a importância do voluntariado, colaborando na divulgação das ideias relativas de ponta da Conscienciologia, para as pessoas em busca do autoconhecimento.

Por tudo que presenciei, este evento foi um marco para mim. Cheguei em Campo Grande motivadíssima e convoquei uma reunião para repassar as informações lá colhidas.

Logo em seguida, muita energia foi colocada na estruturação física da Unidade do IIPC em Campo Grande. Cada um ajudava como podia para manter o funcionamento da mesma.

Meus pais também se tornaram colaboradores, hospedavam e faziam os translados dos professores que iam ministrar os cursos, além de doarem móveis e materiais de escritório para a sede. O principal objetivo era divulgar os eventos e não poupávamos esforços para garantir a participação de um número cada vez maior de pessoas.

68 Holoteca – Conjunto de coleções ou artefatos do saber. Inclui biblioteca, pinacoteca, videoteca, ufoteca, mapoteca, dentre outros.

69 Holociclo – Ambiente de produção científica coletiva, composto por milhares de dicionários, enciclopédias e jornais catalogados.

Com autocrítica aguçada, observava meus próprios comportamentos e verificava o quanto estava aquém do que gostaria de ser, estando na posição de liderança.

O papel de coordenadora me fazia refletir sobre como poderia despertar as capacidades dos outros colaboradores e reforçar seus potenciais. A tarefa não era fácil. Cabia a mim colocar a informação que já possuía em prática e assumir a parcela de responsabilidade pelo bem-estar do grupo.

Estava consciente de ser este o grupo a estar atuando daquele momento em diante. Agora estava com domínio de minhas decisões, lúcida quanto aos processos pessoais em relação ao próprio destino e mais responsável pelas escolhas quanto ao que fazer, quando fazer e como fazer.

Desta maneira, fui me tornando mais exigente com as atitudes, compreendendo a impossibilidade de recuar, precisava persistir em meus objetivos de me conhecer e de errar cada vez menos.

Permaneci na função de coordenadora da Unidade IIPC durante dois anos. Foi um período de direcionamento aos estudos sobre fenômenos parapsíquicos, autopesquisa e de convivialidade positiva com um grupo com objetivos assistenciais e evolutivos.

Ao final deste prazo, assumiu o cargo outro colaborador que integrara a equipe meses antes. Embora mantivesse as atividades de divulgação da Conscienciologia, meu foco estava se direcionando para necessidades antigas, as quais sentira ser o momento de priorizar.

EM FASE DE TRANSIÇÃO

Já estava mais segura para me sustentar financeiramente e atender às necessidades de ter um espaço próprio. Saí novamente da casa dos pais e, contando com a ajuda deles no processo de mudança, fui morar com uma amiga em minha primeira aquisição imobiliária: meu próprio apartamento.

Passei a hospedar os professores do IIPC de outros estados que iam ministrar cursos e palestras, oportunidade de trocar ideias e aprendizados.

Tendo feito todos os cursos oferecidos pelo IIPC em minha cidade, fui para o Rio de Janeiro continuar meu processo de aprendizagem e fazer um curso de extensão[70].

Foram três dias de imersão em mim mesma e uma oportunidade de reavaliação de comportamentos e objetivos.

No curso, percebi o quanto precisava desvincular-me do apego ao R. Lembrei-me de ele dizendo: "Ninguém é dono de ninguém. É preciso ser livre e deixar livre quem se ama. É preciso viver o que realmente se pensa e como se acredita, sem convenções sociais, apenas com convicções pessoais".

Ao evocá-lo, geraria uma afinização energética entre nós, servindo como dificultador ou impeditivo do desempenho de suas atividades na dimensão extrafísica.

Entendi sobre o conceito do não rompimento definitivo com ninguém porque mesmo com a dessoma, as consciências mantêm-se afinizadas por laços energéticos de sentimentos positivos ou negativos. Meu conceito hoje é ser o ideal a manutenção dos sentimentos de carinho sem apego; um querer-bem independente do local ou dimensão onde a pessoa esteja.

---

70 ECP1 – Extensão em Conscienciologia e Projeciologia – É ministrado pelo IIPC aos alunos que já concluíram os cursos regulares oferecidos. Objetiva o aprofundamento da autopesquisa visando a auto-evolução lúcida e planejada e o cumprimento da proéxis.

Lembrei-me de quando aconteceu a dessoma dele. Esperava que as pessoas me consolassem o tempo todo, tivessem pena de mim e se sensibilizassem com minha dor. Poderia ter tentado ser mais autossuficiente e resolver as crises e traumas sem envolver outras pessoas em meus problemas.

Com uma autoavaliação mais criteriosa, percebi possuir informações suficientes para entender os fatos e encarar as consequências de maneira mais lúcida, sem emocionalismos exacerbados. Não significava facilidade para me livrar do maior fator de desequilíbrio íntimo já vivido nesta existência, mas tinha mais condições de ir a fundo nas causas e na maneira de resolver comigo mesma a vitimização, a carência e o autocontrole emocional.

Se eu possuísse, na época do acidente, conhecimentos sobre a realidade além da matéria, talvez não ficasse tão alterada emocionalmente. Saberia que a vida continua e o descarte ocorre apenas com um dos nossos corpos, porque ainda tem-se o psicossoma e o mentalsoma atuando em outras dimensões. A tendência, quando se estuda e se pratica a projeção da consciência, é a conquista da tranquilidade íntima em relação à questão da morte, pois é a comprovação pessoal do fato da sobrevivência ao soma.

A questão não é tão simples quanto parece. De modo teórico, é fácil falar ou escrever sobre aceitação da morte como sendo algo natural. Na realidade, a morte em si não existe porque a consciência continua viva em outras dimensões. A morte biológica é mais do que natural, é fisiológica, faz parte da natureza. Entretanto, culturalmente há a errônea orientação para o medo dela e a visualização de um fim na existência.

Uma pessoa, ao morrer, deixa um espaço vazio intrafisicamente, uma rotina drasticamente rompida e hábitos de vida alterados profundamente com sua ausência física. Vale ressaltar o exercício íntimo e o esforço pessoal de colocar ideias teóricas na prática, desmistificando temores infundáveis inculcados em nossas mentes desde tenra idade.

A prática da projeção da consciência ajuda na vivência de experiências em outras dimensões e a convivência com consciências que não mais possuem o corpo físico, causando familiaridade com estas interrelações entre as dimensões, quebrando tabus e facilitando a superação de traumas quanto a *perdas* de entes queridos.

Ainda durante o curso ECP1, fui aprofundando meu autoenfrentamento e comecei a entender melhor quais eram meus reais interesses, os fatores a me levarem a agir de determinada maneira, quais eram minhas facilidades e dificuldades no relacionamento com as pessoas e comigo mesma.

Estava aprendendo a me ver de fora para dentro, como se fosse outra pessoa, isenta, analisando minha realidade íntima com discernimento e racionalidade.

Este autoenfrentamento me fez estabelecer metas e prazos para a execução de compromissos pessoais: tarefas a realizar, características a melhorar, pessoas a reconciliar.

Estava disposta a investir na evolução pessoal; não cabia mais a vitimização. Fui constatando o quanto utilizava mecanismos de defesa do ego para esconder trafares ou traços fardos, aqueles defeitos e vícios impregnados em minha personalidade.

Admiti sempre querer ter razão, como no caso da militância política: todos que não pensassem igual a mim estavam errados, eram alienados. Desconsiderava o livre-arbítrio pessoal e a bagagem de conhecimento adquirida nas histórias de vida de cada um. Ninguém está completamente *certo* ou *errado,* porque tudo depende da ótica ao se avaliar um contexto.

Reconheci que minha a origem de minha consciência não é desta vida. Renasci para dar continuidade ao processo de aprendizagem e evolução. Trouxe uma programação de vida onde estava incluída a assistência à outras consciências.

O desejo de ajudar as pessoas estava intrínseco em todas as fases de minha vida, a assistência começaria comigo. Segundo Waldo Vieira, "Quem está menos doente ajuda mais do que quem está mais doente". Precisaria promover uma autoeducação programada para estabelecer novas sinapses, ou novas conexões interneuroniais, para as mudanças ocorrerem de fato e não apenas superficialmente e em atitudes isoladas.

Retornando à Campo Grande, por incompatibilidade de interesses, eu e meus sócios optamos por desativar o escritório e precisei recorrer ao mercado de trabalho novamente.

Iniciei uma experiência inusitada, ao trabalhar numa conceituada empresa, cujos sócios eram da alta sociedade do estado, ou em minha concepção anterior, eram *burgueses.*

Esforcei-me para não me sentir injustiçada e explorada, não significando que o fosse, mas o fato de estar subordinada à *classe alta,* num passado recente, seria a condição mais repulsiva que poderia conceber. Estaria em processos de revolta, reivindicações pelos direitos e não abriria mão de meu jeito de ser para agradar a nenhum patrão. Certamente não teria aceitado me vestir de maneira formal a fim de participar de almoços de negócios com autoridades locais.

Hoje entendo a existência de novas relações de trabalho. Há oportunidades de aprendizado e de se estabelecer vínculos cármicos com as pessoas, independente dos papéis de patrão ou empregado desempenhados em determinado momento.

Fui aprendendo sobre a possibilidade de me relacionar com as pessoas independente da posição social na qual estavam inseridas e constatando a importância do respeito à individualidade e ao nível evolutivo de cada consciência.

Isso refletiu uma mudança de valores, uma revisão de conceitos, uma *reciclagem intraconsciencial.* Ao se mudar a maneira de pensar, altera-se o padrão geral de manifestação, porque é colocada uma nova informação que gerará diferentes formas de sentir e novas afinizações energéticas.

Assumi a minha reciclagem intraconsciencial, uma renovação íntima, uma opção pessoal pela adoção de diferentes maneiras de pensar e agir partindo de uma análise mais realista e profunda de mim mesma. Esta reciclagem envolve o desenvolvimento de atributos e potenciais que otimizarão as mudanças para novos patamares evolutivos.

UMA NOVA CONSCIÊNCIA

Numa certa noite, aceitei o convite de minha amiga para sair. Reencontraria amigos da época da militância política e imaginei que poderia ser interessante. Já havia se passado uns dois anos do acidente e me considerava mais equilibrada e tranquila em relação a este fato tão impactante para mim.

O local escolhido foi justamente onde havia estado com o R. na sexta-feira à noite, véspera do acidente. Estava todo reformado e não senti tanto incômodo em estar lá.

Encontrei várias pessoas conhecidas. Alguns não moravam mais em Campo Grande e, "coincidentemente", neste dia estavam naquele local *matando as saudades*. Alguns amigos me tratavam com pena, como se eu fosse uma eterna sofredora, criando um clima de evocação ao passado. Outros se relembravam de situações vividas ou se empenhavam para eu encontrar alguém para namorar a fim de esquecê-lo.

Em determinado momento comecei a chorar compulsivamente. Foi difícil controlar e senti um aperto no peito de tanta saudade. Só conseguia pensar na falta que ele fazia, na vontade de que ele estivesse aprendendo comigo as ideias sobre a Conscienciologia. Naquele momento, as teorias estavam sendo colocadas à prova. Tive uma recaída que me fez voltar no tempo.

Os amigos me consolavam, mas desta vez algo estava diferente porque, ao mesmo tempo me sentia mal, conseguia raciocinar e me questionar: por que estou aqui? O que estou fazendo comigo mesma? Por que estou novamente com pena de mim? Por que não consigo colocar na prática os conceitos sobre vida após a morte?

Fui constatando estar entrando num holopensene diferente daquele no qual estava imersa nos últimos tempos. Sentia tudo familiar, as pessoas e o ambiente, mas me sentia uma estranha, diferente de todos, incompatível com aquelas conversas sobre temas que adorava discutir tempos atrás que, naquele momento, não tinham mais o mesmo significado para mim.

Fui percebendo as energias densas daquele local – consegui isso porque estava numa fase de empenho no desenvolvimento do parapsiquismo e isso incluía a leitura energética ou capacidade de identificar o padrão de energias de determinado ambiente.

Minha conclusão era que as consciências extrafísicas que ali estavam não eram sadias, atuavam influenciando os presentes para a manutenção dos vínculos pessoais e dos vícios da bebida e do tabagismo. Exerciam influência nas pessoas para se manterem no padrão de alienação quanto aos aspectos energéticos e multidimensionais.

Decidi evitar aqueles ambientes. Não significava afastar-me dos amigos, o que inevitavelmente ocorreria, mas os ambientes frequentados por eles não tinham mais a ver comigo. Haviam sido importantes na época, traziam lembranças, mas eu estava numa fase de busca por um equilíbrio maior de minhas energias e não conseguia manter nem os pensamentos equilibrados ali – pode-se controlar os pensamentos e as atitudes em qualquer local, mas é de bom-senso frequentar aqueles onde se sente bem, usando o máximo de discernimento nas percepções.

A experiência foi marcante para perceber o quanto me influenciara, pois saí do padrão rotineiro e afinizei as energias do ambiente. Desestabilizei emocionalmente e verifiquei o quanto não havia superado profundamente o trauma da dessoma. Ainda que menos intensa, mas ainda havia dor dentro de mim e, ao abrir o curativo, o ferimento estava novamente exposto, não havia cicatrização, como imaginava.

Precisaria de profundos investimentos para superar. Não bastava a repressão dos sentimentos ou o autoengano sobre tudo estar bem comigo. Necessitaria de autoenfrentamento para encarar a dificuldade de frente e de maneira mais racional e tranquila.

Decidi afastar do passado e de tudo que fizesse lembrar dele. Doei livros marxistas e joguei no lixo apostilas, *bottons* e informativos da *esquerda* ainda guardados. Queimei todos os cartões e poesias do R. após reler cada um.

Achava que com esta atitude poderia me livrar dos próprios pensamentos. De certa forma, a proximidade com os objetos ajuda a promover evocações a todo momento. O fato de desfazer-me deles representava uma ruptura temporária, porém não apagaria os rastros holopensênicos, deixados ao longo da história pessoal. Poderia ter jogado fora papeis e objetos e continuar mantendo-me mentalmente apegada. Não diferenciaria muito de continuar com eles. Seria preciso uma mudança de condicionamento mental.

Gostaria de distanciar do passado na prática, no todo, e para me sentir fora deste pensene. Resolvi adotar um novo nome (ou usar meu verdadeiro nome). Todas as "Roses" – a "Rose do Diretório", a "Rose do PT" e a "Rosinha do PSTU" – estavam sendo substituídas pela *Rosemary*. As pessoas não deixaram de me chamar de *Rose,* mas predispus a me chamar e me sentir mais *Rosemary,* buscando mudar meus posicionamentos para quebrar um estereótipo. Decidi que a *Rosemary* seria uma nova consciência, ou seria eu mesma com uma nova concepção de vida e um novo padrão holopensênico.

A questão do nome em si era apenas uma forma encontrada para externar as mudanças intraconscienciais na maneira de pensar, um reflexo da reciclagem íntima que estava promovendo. Com isso, estava instalando um novo holopensene em torno de mim mesma, um padrão de energias diferente daquela *Rose Revolucionária.* Agora tentaria ser menos radical e mais flexível nas abordagens e relacionamentos.

Fui me predispondo a ser uma consciência mais dedicada à evolutividade e à autossuperação constante. Procurava melhorar intimamente para ficar cada vez mais equilibrada e lúcida quanto às reais possibilidades de manifestação.

Concluí ter desviado do proposto na dimensão extrafísica antes de renascer, ao me envolver com grupos *revolucionários*. Admito terem sido os *movimentos de esquerda* e os partidos políticos grandes fontes de aprendizado para mim. Estando inserida neles aprendi a desempenhar trabalhos administrativos, a coordenar equipes, a desreprimir os processos de comunicabilidade, além de ter convivido com pessoas incríveis, com senso de ética e preocupação com o bem-estar da humanidade, que me ajudaram a sempre pensar em assistencialidade.

Em termos intraconscienciais, não tinha segurança emocional, bem-estar íntimo e tranquilo sem revoltas contra o outro. Não tinha o interesse nem a preocupação em melhorar atitudes e rotinas, nem buscava estabelecer metas já pensando em preparar para as próximas vidas.

Quando há a preparação para o renascimento, um dos fatores a se levar em conta é toda a bagagem de conhecimentos já adquiridos em outras vidas. Por isso, quanto mais se desenvolve a intelectualidade, a cultura geral, a maturidade emocional e os relacionamentos sadios, melhor e mais preparado será o novo soma e com maior capacidade cerebral para assimilar e codificar informações já conhecidas.

Este processo faz com que, ao renascer, recupere-se com maior rapidez as conquistas evolutivas de outras vidas ou do período intermissivo entre uma vida e outra. Assim, valores pessoais são resgatados de maneira inata, juntamente com o senso de se ter uma missão a cumprir, independente de religião ou filosofia de vida. Estas sensações são íntimas e cada um desenvolve na prática os atributos e habilidades para deixar aflorar a essência da autoconsciencialidade sem esquecer a condição de restringimento momentâneo do seu nível de rememoração. Quanto mais lúcidos, mais próximos de sua realidade pessoal.

Passei a compreender sobre o que pensava sobre transformação social ser incoerente com minha procedência extrafísica. Era ilógico alguém ciente de sua atuação em várias dimensões se posicionar sob o foco apenas da intrafisicalidade.

Estava cada vez mais direcionada para a autopesquisa e promoção das mudanças necessárias ao aperfeiçoamento intelectual e parapsíquico, interagindo mais com outras dimensões e trazendo aprendizados importantes destas experiências.

Precisava fazer um autoinvestimento para a aquisição de maior lucidez possível frente às situações, visando o domínio das energias para evitar interferências externas. Estava iniciando uma nova etapa em minha vida. *Nascia* ou *renascia* uma nova consciência com novas maneiras de ver o mundo, de entender a sociedade e de avaliar a própria existência.

Hoje vejo que não poderia ter realizado tantas *Revoluções Intraconscienciais* se o acidente não tivesse ocorrido. Ou talvez pudesse, contudo, não com tamanha profundidade. A sensação de ter sofrido um trauma e a busca de respostas quanto ao "desconhecido" foram decisivos para o surgimento de novos desafios para superação dos problemas mais íntimos e da falta de estímulo para continuar vivendo.

Entendo, porém, ser desnecessário qualquer trauma para que haja uma renovação íntima. Estes fatos foram importantes em meu caso específico. Cada um sabe de suas necessidades e seu momento de "virar a mesa" rumo a uma vida mais produtiva em termos conscienciais.

Permanecendo no grupo ao qual estava inserida há anos, seria impossível passar pelas reciclagens intraconscienciais que passei. A fixa ideia de mudanças sociais é superficial quando comparada às mudanças intraconscienciais, efetivamente mais profundas.

NOVAS EXPERIÊNCIAS

Fiquei três anos sozinha, sem me relacionar com ninguém. Sempre que pensava nisso, reportava-me ao passado, mas sabia da necessidade de continuar minha vida e o fato de ter um companheiro ajudaria a eliminar as carências.

Já havia entendido o sentido da constituição de uma *dupla evolutiva:* duas pessoas se propõem a evoluir juntas, a realizar trabalhos assistenciais em alto nível em prol da evolução de outras consciências. A base da relação é a confiança mútua, o investimento de ambos um no outro e o incentivo para se buscar, de maneira mais acertada, a resolução de problemas pessoais e do casal.

Segundo a Conscienciologia, a dupla evolutiva se diferencia dos casais tradicionais porque não prioriza o atendimento das exigências da sociedade, mas a gestação de ideias, de publicações de pesquisas ou trabalhos que auxiliarão outras consciências a identificarem suas programações existenciais e colocá-las em prática.

Em um dos cursos de Projeciologia em Campo Grande, conheci um dos professores do IIPC. Ele ministrou os cursos e voltou à sua cidade natal, o Rio de Janeiro. Houve uma simpatia mútua e identificamos uma série de aspectos afins em nossa personalidade, deixando-nos interessados um pelo outro, iniciando um relacionamento a distância.

Eu continuava no voluntariado até o momento em que minha irmã, então coordenadora da Unidade, recebeu um telefonema do Rio de Janeiro para averiguar sobre uma possível mudança residencial minha para colaborar na sede matriz do IIPC.

Estava ciente do trabalho na Unidade Campo Grande ser sério, principalmente porque o grupo planejava expandir a atuação para outras cidades do estado, mas novamente resolvi assumir desafios e não hesitei em ir morar na "cidade maravilhosa". Iniciaria outra fase em minha vida e não tive receios ou temores.

Alguns meses depois mudei-me para o Rio contando com todo o apoio de minha família e com a colaboração de novos amigos. Estando agora próxima daquele professor, aprofundamos nosso relacionamento afetivo de maneira mais lúcida buscando constituir uma dupla evolutiva.

Algumas catacterísticas eram comuns entre nós, como o senso de independência. Já outras eram bastante diferentes, a exemplo da formação cultural e político-social. Ele havia sido Oficial da Marinha Mercante, enquanto eu havia sido uma *revolucionária* que lutava contra a obrigatoriedade do serviço militar.

Vivenciei, por alguns meses uma relação de bastante aprendizado. A facilidade de convivência era grande, não havia atritos ou discussões, mas bastante respeito um pelo outro. Gostava muito dele, mas de um modo diferente do R. Fazia o máximo para não compará-los, o que não era fácil, pois eles tinham em comum o senso de fraternismo, a calma e a tranquilidade, embora, alguns aspectos fossem opostos, principalmente em relação aos posicionamentos perante os padrões estabelecidos pela sociedade.

A convivência aconteceu até o momento dele se mudar para Londres, quando questionei-me sobre o motivo de estar sozinha novamente, mas optei em permanecer no Brasil. Não me atraía a ideia de morar na Inglaterra. Se tivesse ido, seria por ele e não por mim.

Durante um tempo, mantivemos contatos por telefone e *e-mail* até decidirmos romper o relacionamento. Não poderíamos constituir uma dupla evolutiva estando, literalmente, a um oceano de distância. A convivência diária, a troca permanente de afetividade, a heteroajuda constante e, principalmente a tomada de decisões em conjunto, são alguns critérios para o estabelecimento de uma dupla evolutiva.

Ciente de tudo ocorrer por afinidade de pensenes, quanto mais direcionada para seguir o próprio caminho, em minha programação existencial, mais próxima estaria de alguém com um caminho parecido com o meu e maiores as chances de um encontro. Numa única vida, podemos encontrar várias consciências com possibilidade de compor uma dupla evolutiva. Entre elas, pode haver uma com quem temos maior afinidade por já termos várias vidas convivendo juntos.

A dupla evolutiva é mais do que duas pessoas, é uma condição, uma oportunidade de crescimento pessoal e o princípio do entendimento da grupalidade. Se ambiciono chegar ao patamar de alcançar um amor universal pelas consciências deveria começar a amar aquelas mais próximas de mim, e este seria mais um desafio a encarar nesta vida.

Predispus-me a estar mais aberta a novos relacionamentos e, seis anos depois, encontrei, ou reencontrei de outras vidas, uma pessoa com quem possuo imensa afinidade. Apesar das diferenças culturais e de idade existentes entre nós, a compatibilidade e os objetivos de vida são totalmente convergentes.

Ele é pioneiro na Conscienciologia, voluntário desde 1982, antes mesmo de ser fundada a primeira instituição de pesquisa conscienciológica. É professor e epicon[71] e me ajuda muito a estar cada dia melhor. Representa um espelho onde observo traços positivos a desenvolver e traços negativos a superar em minha personalidade. Buscamos uma harmonia de interesses e sempre um consenso nos projetos do casal.

71 Epicon ou epicentro consciencial, é a conscin com autodomínio parapsíquico capaz de manter a ssustentabilidade bioenergética nas atividades parapedagógicas das instituições conscienciocêntricas.

Por incrível que pareça, cheguei a abrir uma Conta Corrente Conjunta num banco, quebrando o radicalismo de ex-feminista em manter total independência financeira. Embora pareça uma bobagem, para mim foi muito difícil tomar esta decisão.

Já estamos constituindo uma vida em comum há mais de uma década, inclusive publicamos um livro em coautoria. Dividimos não só a conta, mas nossas vidas desde então. Minha família toda o conhece e gosta muito dele, assim como conheço toda sua família também. Sou chamada de "boadrasta" pelas minhas enteadas.

Investi neste relacionamento para se tornar duradouro e, embora enfrente crises intraconscienciais pela diferença de temperamentos, o foco na assistencialidade mútua me faz refletir sobre os motivos de pensar ou agir de determinada maneira sem atribuir ao outro a culpa por algo que me incomoda.

O carinho e o companheirismo são *portos seguros* para a vida intrafísica. É muito bom aprender com o outro e ensinar ao outro com nossa experiência. A gratidão por esta consciência que me acolheu no seu mundo para não só dividir, mas somar e multiplicar assistência, é indizível e inavaliável.

No Rio de Janeiro, assumi a responsabilidade de coordenar o maior evento realizado pelo IIPC, o Congraçamento[72]. Esta era uma nova versão daquelas Convenções das quais estive presente em minha primeira viagem para Foz do Iguaçu para conhecer os pesquisadores nacionais e internacionais da Conscienciologia. "Coincidentemente", estava eu realizando as mesmas tarefas, ou seja, organizando eventos, em instituições completamente diferentes: dos movimentos políticos à Conscienciologia.

Em uma cidade tão grande, por ironia do destino, morei quase ao lado da antiga sede da UNE, um prédio incendiado na época da ditadura militar. Passava em frente constantemente e ficava pensando sobre os motivos de estar tão perto de meu próprio passado. Era curioso pensar na militância política, que havia sido minha vida, estar tão distante e tão próxima de mim ao mesmo tempo.

Isso era o que pensava até ter uma experiência bastante significativa alguns meses depois em minha nova casa, em Ipanema. Antes de deitar, senti a presença de muitas consciências extrafísicas. Estavam no meu quarto, na sala, na cozinha e até no banheiro. Parecia uma multidão como numa mobilização, falando alto, gesticulando e se movimentando.

Num primeiro momento, senti bastante medo, depois fui tentar dormir repleta de dúvidas quanto aos motivos delas estarem ali. O padrão de energias sentido era como se estivessem bravas comigo, reivindicando algo de mim e eu não sabia exatamente o que era.

72 Atualmente (2007), o Congraçamento é realizado por várias Instituições que pesquisam a Conscienciologia, sendo cada ano coordenada por uma delas.

Decidi levar o caso para a minha sessão de Consciencioterapia[73], na qual eu havia ingressado na condição de *evoluciente*[74]. Visava aprofundar a autopesquisa e promover as autossuperações julgadas necessárias para melhorar intimamente e permanecer por mais tempo na condição de acalmia ou serenidade lúcida a fim de poder observar atentamente os momentos de instabilidade emocional, suas causas, consequências e manifestações.

A Consciencioterapia trabalha a partir dos aspectos multidimensionais, multiexistenciais e bioenergéticos, com base na Conscienciologia. Tem o acompanhamento de um médico e um psicólogo, além de uma equipe de consciências extrafísicas de amparadoras especializados.

Os consciencioterapeutas têm o papel de auxiliar em todo o processo de descobertas e mudanças do *evoluciente,* apontando as dificuldades que verificam poderem ser melhoradas, sinalizando qualidades subvalorizadas e sugerindo ou indicando técnicas e recursos otimizadores da evolução.

A proposta principal da Consciencioterapia é o *evoluciente* não ser passivo, mas se autoenfrentar, refletir e tirar as conclusões por si só. O objetivo é permitir ao evoluciente a promoção de sua autoconsciencioterapia. Quando isso ocorre, o evoluciente recebe alta.

Nos atendimentos consciencioterápicos, há um campo energético favorável à utilização da lucidez, do discernimento e da criticidade, condições ideais para a compreensão do momento atual e o estabelecimento de metas para superação dos

---

73 *"Consciencioterapia – É uma ciência que responde pelo tratamento, alívio ou remissão de distúrbios da consciência, executados através de recursos e técnicas derivadas da Conscienciologia."* (Vieira, Waldo; *Nossa Evolução;* 1996).

74 Evoluciente – *"A consciência interessada em sua própria evolução empregando todos os recursos técnicos disponíveis na Consciencioterapia. O(a) evoluciente é aquele(a) que busca sua evolução. Ele (a) não é considerado paciente."* (Takimoto, Nario & Almeida, Roberto; *Conscientiotherapy: a Clinical Experience of the Nucleus of Integral Assistance for the Consciousness;* Journal of Conscientiology; 2002).

trafares ou traços fardos da personalidade. É como uma educação autoprogramada, com metodologia pessoal e métodos de avaliação intraconscienciais.

O autoconhecimento exige bastante esforço pois é difícil despojar-se dos mecanismos de defesa do ego, se aceitar e se assumir na condição de consciências ainda cheias de desafios a serem superados. É necessária a sinceridade consigo mesmo.

A Conscienciοterapia foi fundamental para eu buscar o entendimento de quem realmente sou na essência, sem os condicionamentos e os valores impostos pela sociedade desde o nascimento nesta vida. Ajudou-me a chegar a conclusões que sozinha poderia demorar mais tempo.

Pude ir a fundo em mim mesma para descobrir meus reais valores, entender quais os fatores ou situações passadas em outras vidas ainda refletem nesta atual e o que existe por trás da vontade de mudar o mundo. Trouxe à tona aspectos ocultos e comecei a ver os fatos sob diferentes aspectos.

No caso específico da parapercepção daquelas consciências extrafísicas em minha casa, fui tentar entender qual o motivo delas estarem ali. Os conscienciοterapeutas não me dariam resposta pronta, nem tentariam propor alternativas para justificar aquelas visitas inesperadas, mas, fizeram questionamentos, proporcionaram elementos que eu não havia pensado e ajudaram-me a concluir sobre a possibilidade daquele grupo ter relação com meu passado de revolucionária.

Analisando os fatos, tentei entender o motivo da afinidade com aquele grupo. Primeiramente, precisaria identificar qual o pensene empregado atraíra o grupo a mim. Então, refleti: eu não pensara na política naquele momento, nem lembrara de nenhum amigo da época, como poderia ter, ainda, afinidade com eles?

Uma das conclusões era que me sentia sozinha naquele dia. Sentia falta de ser mimada, de representar sempre o alvo de carinhos e atenções de todos por ser a mais nova do grupo. Isso eu não tinha na Conscienciologia, onde apesar de todos estarem dedicados para a assistencialidade, todos também estavam preocupados em se melhorar, em evoluir, em produzir resultados de suas pesquisas, em divulgar suas autopesquisas. Enfim, eu não era o centro das atenções e nem deveria ser.

Ter chegado a esta conclusão me fez refletir sobre esta carência injustificada ainda alimentada. Havia aprendido sobre compensação energética, sobre busca de maturidade, melhoria do pensene pessoal. Contudo, ao ir fundo em minha consciencialidade, constatei precisar "trabalhar", enfrentar, este traço em minha personalidade.

Este processo de autossuperação gera autopesquisas, significa ir "cavando" em si mesmo até identificar onde está o ponto central, nevrálgico, a ser melhorado, partindo para uma mudança de fato. É a busca das autoincoerências a fim de superá-las adotando novos hábitos de agir e de pensar.

Os consciencioterapeutas me ajudaram a pensar sobre a questão de apego e desapego mantidos. Admiti, no meu íntimo, ainda sentir falta do grupo e isso fazia com que, inconscientemente me sentisse apegada e o evocasse.

Ao ser evocado, o grupo não entendia minhas posturas: por um lado o evocava, dizia a eles inconscientemente, "sinto tanta falta da atenção de vocês!" e por outro, dizia: "olha, não milito mais na política, tenho agora pensamentos direcionados para a própria evolução através do desenvolvimento do parapsiquismo e da intelectualidade."

Esta confusão em mim, gerava diferentes respostas por parte do grupo: uns ficavam chateados comigo por terem me ajudado tanto e eu os abandonei. Outros ficavam bravos porque me viam como se fosse uma traidora ao estar renegando as ideias antes defendidas pelo grupo.

Qualquer pessoa que se desvincule, seja da igreja, do esporte ou do barzinho, gera uma mudança no grupo. A tendência é sempre se perguntar pela pessoa, sentir falta da sua presença, relembrar os momentos de convivência. Estas atitudes causam uma evocação porque a atuação do pensene é instantânea. Ao se pensar há emissão de um padrão de sentimentos e uma afinização energética com qualquer consciência, intrafísica ou extrafísica. Muitos dos amparadores ou dos assediadores extrafísicos podem ter feito parte do mesmo grupo em outras existências.

Às vezes, sente-se dificuldades em sair de determinado grupo, faltando "força" ou energia suficiente para bancar as decisões. Quando esta desvinculação não ocorre, pode-se renascer várias vezes com o mesmo grupo, seja na família, no trabalho ou em outros meios de convivência.

Hoje reflito sobre o quanto preciso melhorar as afinidades pensênicas a fim de evocar consciências mais saudáveis do ponto de vista evolutivo, não esquecendo da assistência.

Quanto mais lucidez alcançar, mais assistência poderei fazer aos antigos grupos que já integrei. A afinidade com grupos mais evoluídos vai proporcionar maior predomínio de traços positivos de minha personalidade, facilitando, desta forma, que a assistência a grupos menos evoluídos ocorra de maneira lúcida e sem emocionalismos.

Posso ter ao meu redor consciências ainda presas a grupos assediadores, mas o desafio e o esforço é manter sempre a postura de ajudar. Se já fui igual a eles e mudei, eles também têm a possibilidade de mudar e vão precisar de ajuda para isso. Possivelmente eu mesma possa ser este canal de assistência e esclarecimento para ver a vida sob novos enfoques.

Nunca me esqueço de uma palestra do Prof. Waldo Vieira em um destes eventos que organizei. Ele disse ter encontrado uma consciência extrafísica muito patológica e perguntou "amparadores, em qual momento também estive neste mesmo estado?". Isso foi marcante para mim, foi um exemplo de compreensão ao semelhante. Como não tenho ainda acesso às vidas passadas, como posso julgar as atitudes de outras pessoas se não sei quem fui e o que fiz?

Logicamente não é fácil colocar todas as teorias na prática (atitude chamada de teática, a teoria e a prática indissociadas), mas a partir do momento que se tem informações, aumenta-se o senso íntimo de responsabilidade em ser teático. Isso pode levar tempo e vai exigir intenso despojamento, muita desrepressão de pensamentos e, principalmente, muito esforço pessoal e vontade decidida.

É paradoxal pensar sobre a evolução ser um processo principalmente pessoal, mas para evoluir precisa-se interagir com os outros, trocar informações, ajudar e ser ajudado. Esta é a dinâmica evolutiva.

Sempre estive bastante envolvida com grupos, seja com meus primos na Cruz Vermelha, seja nos movimentos populares, nos partidos políticos, na dança, na Conscienciologia.

Procuro não desprezar nenhum grupo, nenhuma consciência que já conviveu comigo. Com certeza, todas contribuíram, ajudaram de alguma forma e sou grata por isso.

Sempre tive muitos amigos, gosto de reuniões e festinhas porque é uma oportunidade de revê-los, mas, trabalhar em grupo não é fácil. Lidar com indivíduos não é fácil. Cada pessoa é um microuniverso, uma realidade e uma história de vida diferente. Às vezes, a dificuldade de se relacionar com alguém é a dificuldade de enxergar um traço da própria personalidade escondida de si e projetado nos outros. É mais fácil visualizar a dificuldade do outro do que a própria.

O senso de grupalidade significa tornar esta relação de grupo produtiva, de crescimento para todos, de respeito e compreensão ao nível evolutivo do outro. Vale o esforço de tornar tudo isso teático.

Partindo do conhecimento da Conscienciologia e da Projeciologia, da autopesquisa e do autoinvestimento nos talentos, decidi dar mais um passo importante em minha "carreira" evolutiva. Candidatei-me para ser professora e ingressei no quadro docente da Conscienciologia, com a finalidade de contribuir para a disponibilização das pesquisas e informações destas ciências.

Iniciei o processo para formação docente porque precisava ensinar o que estava aprendendo e contribuir para outras pessoas também desencadearem as próprias reciclagens intraconscienciais.

Com grande alegria íntima, fui para sala de aula ministrar os mesmos cursos que tinham contribuído em minha retomada da autoconsciencialidade.

Sinto-me cada vez mais consciente e podendo analisar melhor minhas experiências, com maior autoconfiança, autodisciplina e hiperacuidade. Assim, diminui-se o emocionalismo, um atributo do psicossoma, o corpo emocional. O ideal é a predominância do mentalsoma, o corpo mental, o corpo do discernimento sobre o corpo emocional promovendo as autossuperações e autocuras.

Procuro depurar traços da personalidade usando características já existentes. Um exemplo disso é usar o fato sentir-me "revoltada", com excesso de criticidade e predimínio do psicossoma. O ideal é valer-se da minha tendência ao julgamento e transformar em uma atitude de crítica construtiva, aproveitando este senso aguçado e capaz de impedir de ser manipulada e, por outro lado, capaz de elaborar críticas positivas e assistenciais com este traço de minha personalidade.

Um autoexemplo é capaz de gerar impactos e mudanças, sendo um contraponto quando percebe-se que a transformação para outro sistema político de governo pode não mudar o mundo íntimo das pessoas.

A "garra para lutar" pode ser convertida em vontade intensa, direcionada para atingir metas estipuladas e o não esmorecer diante de dificuldades. A diferença é o esforço para atingir conciliações nos relacionamentos sem tomar "partido", mas buscando entender o contexto sob o lema de se alcançar sempre o "melhor para todos".

Hoje minha concepção é que as *Revoluções* devem ser íntimas. Importam mais minhas reações perante as situações e estímulos externos, e meus posicionamentos diante das injustiças, sem entrar em processos de revolta.

Quando se toma a decisão de evoluir lucidamente pode haver crises, obstáculos e contrafluxos, mas a vontade firme e convicta favorece o surgimento de condições favoráveis para reformular e redefinir as prioridades, sempre direcionadas para a melhoria da interassistencialidade.

As fases pelas quais passei, os processos de crises e autoenfrentamento foram experimentados de maneira gradativa. A partir do momento em que me sentia mais fortalecida, mais madura perante meus próprios obstáculos, nova onda de autoquestionamentos exigia novas mudanças de comportamentos e atitudes. Com isso, inéditas necessidades surgiam e mais empenho utilizava para descobrir traços mais íntimos que ocultava inconscientemente.

A isso denomina-se *reciclagem intraconsciencial,* uma renovação constante e permanente, sendo que as autoavaliações são feitas usando todo o discernimento, lucidez e hiperacuidade possíveis, sem qualquer tipo de inculcações, dogmas ou lavagens cerebrais.

Quando comparo aquela *Rose* do passado e a *Rosemary* de hoje, concluo valer a pena este autoinvestimento. É um estímulo para difundir o conhecimento sobre a aplicação da Conscienciologia no dia a dia. A docência e o voluntariado são desempenhados com automotivação, pois faz parte de minha programação existencial contribuir para a consolidação das ciências Projeciologia e Conscienciologia. Isso gera uma grandiosa satisfação íntima.

Sabendo de tudo isso, ingressei em novo projeto: O *Projeto Campus IIPC*, um *Agente Multiplicador de Compléxis,* como o denominei na época, visando a aquisição de um imóvel próprio do IIPC, onde os cursos seriam ministrados, as pesquisas seriam produzidas e laboratórios experimentais construídos.

Nesta equipe contei com o incentivo de sua coordenadora que ajudou-me a despertar o prazer pela redação. Fui responsável pela edição e diagramação do jornal informativo, derivando desta experiência o hábito de escrever e o desejo de repassar minhas vivências para o conhecimento do público.

Iniciei meu voluntariado na área editorial com a produção das obras de outros autores, atuando na diagramação e revisão de livros. São duas áreas que representam oportunidades de trabalhos com a Tarefa do Esclarecimento: a oral e a escrita, as quais culminam com o exemplarismo pessoal.

AUTO E HETEROIMAGEM

Hoje quando vou à Campo Grande, as pessoas vêm me atualizar sobre a atuação do PT e do PSTU como se ainda fosse minha realidade. Exatamente como ocorreu quando fui visitar minha sobrinha que nascera.

Enquanto aproveitava a viagem, fazia uma leitura dos originais da primeira edição deste livro antes de entregá-lo à Editora e, "coincidentemente", por estar em minha cidade, pude votar numa das eleições mais marcantes para o país, quando o mesmo candidato que me emocionava no início da militância vencera as eleições presidenciais.

Acaso é algo inexistente, pois há um sincronismo no Universo e as afinidades direcionam os acontecimentos. Estava novamente exercendo meu direito de votar, justamente no período em que entregava minha história para ser publicada, exigindo a inclusão desta experiência.

Desde quando desliguei-me da militância, sempre viajava na época das eleições. Não havia transferido meu título de eleitor para o Rio de Janeiro para não precisar assumir uma posição defensora de qualquer partido ou candidato. Era um modo de fuga inconsciente de me autoenfrentar e assumir as preferências pessoais, independentemente de meu passado.

O fato de estar buscando a evolução não exime ninguém da responsabilidade de contribuir escolhendo aquele candidato que acredite apresentar o perfil de competência e ética mais adequada. Vive-se em sociedade e ainda necessita-se de governantes e legisladores. Contudo, não faço mais campanha ou tento convencer ideologicamente a ninguém.

Por mais que tente mudar minhas atitudes e energias, o fato de as pessoas terem como referência minha fase de militância favorece a elas me verem e acessarem a informação da

Rose Revolucionária, lutadora pelos direitos intrafísicos e que reivindicava mudanças na sociedade – *Revolucionária* apenas teórica, porque nunca estivera presente numa Revolução.

Hoje existe uma *Rose Reciclacionária,* ativista da reciclagem intraconsciencial, que esforça-se para ajudar outras pessoas a promover *Revoluções Intraconscienciais,* íntimas, profundas na personalidade, nas manifestações e nas atitudes individuais buscando a mudança do patamar evolutivo da sociedade.

Em muitos casos, percebo haver uma tendência das pessoas avaliarem-se umas às outras.

Os comportamentos e atitudes são tomados de acordo com o que se espera de outrem. Deseja-se que as pessoas sejam ou ajam de acordo com o esperado delas. Caso não haja a correspondência entre o real e o desejado, há decepção e pode-se causar um estereótipo[75].

A *estereotipização* ou fixação da imagem de uma pessoa ou grupo se dá de acordo com o que se verifica em determinado momento, segundo a ótica pessoal e o ponto de vista de quem observa.

Há também o apriorismo, uma crítica inicial fundamentada nos preconceitos sociais ou mesmo pessoais, antes mesmo de se conhecer a consciência por trás de determinada atitude ou corpo físico.

Esta imagem é a construção do pensene. O pensene é a base desta imagem porque trata-se de mais do que uma imagem mental, envolve o pensamento, o sentimento e as energias referentes ao objeto (indivíduo) observado.

Cada um é o que pensa, ou penseniza. Quem pensa que não é inteligente, por exemplo, distorce a própria realidade e cria uma autoimagem distorcida, reforça o autoengano.

---

75 Estereótipo – *"Idéia ou convicção classificatória preconcebida sobre alguém ou algo, resultante de expectativa, hábitos de julgamento ou falsas generalizações."* (Houaiss, Antônio & Villar, Mauro de Salles; *Dicionário Houaiss da Língua Portuguesa;* 2001).

Quando fixamos uma imagem mental das pessoas, ela pode ser *Corporal*, *Comportamental* ou *Pensênica*.

Esta estereotipização será *Corporal* quando tiver relação com o soma: cabelos curtos ou longos, maneira de vestir-se, peso, entre outras características somáticas, do corpo.

A estereotipização, ou imagem mental, formada a partir do comportamento de outrem, a imagem *Comportamental*, relaciona-se às atitudes, às manias, aos vícios ou aos hábitos.

A estereotipização *Pensênica,* é quando se grava uma percepção, uma impressão não física, do padrão pensênico, ou mais especificamente, padrão no qual estão contidas as informações personalíssimas de quem o emite. Por exemplo, identificar a profissão de alguém apenas pela sua característica pessoal, ou saber de um problema pessoal sem ter sequer conversado com a pessoa.

Quando há o encontro com alguém não visto há algum tempo, o primeiro impulso é perguntar sobre pessoas afins e sobre fatos referentes à época de convivência conjunta. Na maioria das vezes, ouve-se: não trabalho mais em tal lugar, mudei de residência, não namoro mais aquela pessoa.

Mudanças ocorrem a todo momento. A tecnologia aperfeiçoa-se, a comunicação atinge espaços cada vez mais distantes, e as pessoas se atualizam e se reciclam. Mas nem todas as pessoas acompanham as mudanças de maneira imediata. Há aquelas que insistem em manter-se estagnadas em suas verdades absolutas.

Esse dinamismo e a distância entre as pessoas, impede o acompanhamento das mudanças ocorridas a todo momento. Mesmo ciente de tudo isso, ainda não se tem esta lucidez ao encontrar com alguém conhecido. A tendência é o retorno ao passado, como um modo de estabelecer-se um canal de comunicação partindo de uma vivência em comum.

A *estereotipização* pode ter uma conotação mais grosseira, como chamar alguém de "Olívia Palito" *(Corporal)* ou "chaminé" ao se referir a um fumante *(Comportamental)*. Pode ser também sutil, como a simples elaboração mental de uma crítica negativa, ou um pensamento pouco ético.

Há a necessidade de diferenciar a característica individual da consciência e o que é próprio da cultura ou da mesologia. Muitas vezes, observamos as pessoas de acordo com convenções sociais, etiquetas ou preconceitos deturpantes da realidade consciencial. Neste caso, guardamos uma imagem irreal.

As consciências mais imaturas tendem a agir de acordo com o padrão pensênico do momento, podendo ocorrer também situações nas quais observa-se uma conduta exceção e toma-se como padrão. Este fato reafirma a importância do não julgamento e da não rotulação. Uma rotulação pode levar a uma estigmatização.

No meu caso, a personalidade *revolucionária*, a qual me esforço para superar, apresenta uma tendência de dualidade entre bem e mal, certo e errado, rico e pobre, condições estas sempre inconciliáveis. Neste caso, é mais difícil o pensar de maneira flexível.

Há um binômio admiração-discordância na Conscienciologia, que retrata a condição ideal de convivência saudável: constatar o lado positivo da pessoa mesmo discordando de suas ideias ou atitudes.

A estigmatização, condição patológica, atinge um grau mais profundo de permanência de uma característica física ou pessoal, por muito tempo e por um número maior de pessoas. O estigmatizado passa a ser referido por este aspecto específico e não pela sua real conscIencialidade.

Inevitavelmente, em algum momento haverá a oportunidade de resolução e liberação do estigma. As consciências não precisam provar nada para ninguém, mas assumir decididamente sua condição evolutiva e sua realidade consciencial. Quanto maior o esforço para não se estabelecer e manter inimizades, estigmatizar ou esteriotipar alguém, mais haverá a aproximação das pessoas em sua essência.

Importantante também é a atualização da imagem mental que temos de alguém a partir de duas condições: a busca de informações atuais da pessoa, que pode ter superado determinada dificuldade intraconsciencial; e o respeitar a pessoa da maneira única de ela ser.

Ninguém é igual a ninguém, nem gêmeos siameses, logo, não se pode esperar que o outro seja ou aja de acordo com o referencial de quem observa.

Cada consciência representa oportunidade de aprendizado e troca de experiências. Os diferentes modos de pensar promovem a riqueza de ideias e a diversificação de concepções de vida. Quanto mais predispostos a compreender as consciências, mais isentas serão as avaliações e mais saudáveis serão as interrelações.

A reconciliação e a resolução das dificuldades de relacionamentos com todas as consciências favorece o olhar isento de preconceitos e de julgamentos. Impossível chegar à condição de maxifraternismo universal se não começar a sentir carinho, afeição e compreensão por quem está próximo.

Se a pessoa está de bem consigo, consegue enxergar a faceta melhor dos outros também. Pessoas com excesso de heterocrítica são frustradas e tendem a ver o lado negativo e pior de tudo e de todos.

Muitas vezes, vê um espelho refletindo no outro comportamentos que não admite a si que também possui. Por outro lado, o acriticismo também não representa a melhor postura, sendo o ideal o criticismo cosmoético.

Preocupo-me em deixar um rastro pensênico positivo, mais assistencial, procurando eliminar estereótipos negativos. A melhor atitude, em minha opinião, é aquela na qual não se toma por referência a aparência nem os comportamentos das outras pessoas, nem a fixação do que se observa como se fosse o padrão.

É importante o respeito e a compreensão quanto ao fato de todos terem imaturidades, todos estarem tentando acertar ao seu modo e todos terem o direito de errar.

Quanto mais se olha para si, menos importarão as opiniões e atitudes de outras pessoas. Se há atitudes incomodando ou influenciando, precisa-se verificar a causa, os motivos geradores daquele incômodo, para depois pensar sobre o que se pode fazer a fim de resolver.

Penso que há duas preocupações e cuidados a serem observados constantemente: o primeiro é o rastro pessoal deixado, e o segundo é o quanto se estereotipiza outras consciências de acordo com referenciais e preconceitos ilógicos.

Quando se lembra de alguém, uma imagem mental se forma e uma ligação energética se estabelece. Se foi guardada uma imagem positiva, a evocação será saudável. Ao contrário, quando a imagem é negativa, as lembranças tenderão à mágoas, rancores e tristezas.

A tendência é as emoções mais exacerbadas perdurarem por mais tempo e serem despertadas com maior facilidade porque estão pouco analisadas, examinadas racionalmente, pela consciência. Quanto mais investimento pessoal para superação deste padrão de emoções, melhores serão os relacionamentos e, consequentemente, mais positivas as evocações e os saldos grupais.

É preferível gravar uma imagem positiva das pessoas, os seus traços-força, suas qualidades, os momentos felizes vividos, de carinho e de reconciliação. Assim, ao evocar qualquer pessoa, o padrão de pensene será mais saudável.

Sabendo de tudo isso, passa a ser uma responsabilidade manter-se atento ao evocar determinadas pessoas ou situações para o padrão de sentimentos ser o mais hígido possível, principalmente se a pessoa já tiver dessomado.

Pode-se, através do parapsiquismo e da projetabilidade lúcida acessar estas consciências, mas, dependendo de sua condição de lucidez, pode ser mais necessário que ela permaneça desempenhando suas atividades na dimensão extrafísica sem ter ninguém apelando por sua atenção, principalmente, se lamuriando pela sua ausência.

Fato interessante ocorreu quando da publicação da primeira edição deste livro. Houve uma programação de eventos envolvendo viagens a diversas capitais do país, incluindo minha cidade natal, mais uma ironia do destino.

Em Campo Grande, foi realizado o lançamento em um auditório recém-inaugurado, cujo nome era uma homenagem a um dirigente sindical assassinado por liderar a organização e a resistência de posseiros na região. "Coincidentemente", este dirigente havia sido o pai de um dos meus companheiros militantes do PSTU.

Os questionamentos e análises fervilhavam em minha cabeça: porque este evento estava sendo realizado ali? Com tantos auditórios tradicionais, antigos e modernos na cidade, agendaram justamente para o local com o nome de um sindicalista?

Eu já não estava mais na militância e, novamente, tão próxima do passado. Tenho a sensação de ter ajudado com minhas energias às consciências extrafísicas ainda vinculadas com aqueles ideais. Afinizei-me com o padrão de energias de consciências ex-militantes e tive a oportunidade de esclarecer sobre o que penso hoje a respeito da evolução e da vida multidimensional e multiexistencial.

Muitas vezes me perguntei: estou fazendo com que o leitor evoque o padrão de energias de cada situação de minha vida de maneira hígida?

Em relação às pessoas, procurei tomar cuidado ao não citar nomes, embora elas se identifiquem ao lerem o livro. Fiz o esforço de ser o mais ética possível ao colocar as ações sempre na primeira pessoa e não atribuir a ninguém e a nenhum dos meus "grupos" as opiniões que eram e são minhas.

Demorei muito tempo para conseguir não evocar meu namorado dessomado. Não se trata de deixar de gostar, nem de tentar esquecer como se não houvesse um passado vivido. Trata-se de serenizar os sentimentos de modo a não deixar o egoísmo de querê-lo comigo seja maior do que o próprio amor sentido por ele.

Tive experiências marcantes com ele nas quais tive certeza absoluta de sua atuação na primeira edição deste livro. Outras pessoas também o perceberam, inclusive ocorrendo sua manifestação através de "sinais" personalíssimos que somente quem o conhecera seria capaz de identificar e estabelecer as correlações e, com certeza, irão perceber ao acessarem este livro.

Determinada noite, cheguei a percebê-lo a meu lado num momento de mobilização de minhas energias. Mais do que surpresa pela sua visita inesperada, fiquei contente pela minha reação perante sua presença. Não senti saudades, tristezas ou carências, mas uma primener[76], uma euforia íntima quase a transbordar num momento indescritível e inesquecível.

---

76 *"Primener (prim + ener) – Primavera energética; condição pessoal, mais ou menos duradoura, de apogeu das ECs* [energias conscienciais] *sadias e construtivas."* (Vieira, Waldo; *Projeciologia: Panorama das Experiências Fora do Corpo Humano;* 2002).

Constatei que nenhum sentimento se perde, mas se qualifica. É difícil esquecer alguém importante para nós, mesmo que passem anos ou vidas. As pessoas mudam, mas os sentimentos permanecem e, quando bem resolvidos, despertam sem cobranças, vitimizações, críticas nem saudades, apenas com muita alegria e bem-estar.

INVERTENDO OS PAPÉIS

Quando mudei para o Rio de Janeiro, meu vínculo com a Conscienciologia era no voluntariado e foi oferecida a oportunidade de manter vínculo empregatício pelo IIPC. Seria contratada para trabalhar na área administrativa e na organização de eventos de grande porte.

Esta foi uma experiência que remeteu-me ao passado. Qual o motivo de estar novamente recebendo salário de uma instituição na qual todos atuam na condição de voluntários?

Já havia estado nesta mesma situação quando fui funcionária do PT, onde tínha vínculo ideológico. Saí da militância para ser funcionária e retornei à militância. Agora saíra do voluntariado para ser funcionária e, posteriormente, voltava ao voluntariado.

Os fatos ocorrem de modo circular, chamada *Técnica da Circularidade* proposta pela Conscienciologia. A ideia central são as situações acontecerem para o aprendizado, para o desenvolvimento de diferentes maneiras de se lidar com os fatos, analisando as reações através de estímulos semelhantes ou opostos.

Decidi que romperia este ciclo e apenas doaria meu trabalho, dedicação e tempo na condição de voluntária e não mais receberia salário ou remuneração de nenhuma instituição para a qual estivesse vinculada.

Alguns anos depois, mudei para Foz do Iguaçu, Paraná, cidade polo da Conscienciologia, onde estão situadas as *Embaixadas* das Instituições que pesquisam esta Ciência. E, ao buscar emprego, aceitei ser professora universitária na área de Ciências Econômicas, para a qual havia me formado.

Após várias aulas ministradas, fui convocada pela coordenadora do curso para uma reunião, na qual foi exposta a reclamação dos alunos sobre minhas aulas serem de difícil compreensão porque utilizava muitos termos técnicos.

Voltei para a sala de aula, conversei com a turma, tentei ser mais acessível ao me expressar e pensei estar tudo certo a partir daquele momento.

Recebi um telefonema para mais uma reunião e, ao sair de casa para ir até a Universidade, vieram "em bloco" todas as lembranças de quando fazia a mesma coisa com os professores no movimento estudantil.

Lembrei de uma professora em sua primeira experiência na função docente e a expressão de desespero em seu rosto quando a turma decidiu fazer uma greve de silêncio.

Esta professora pedia para a turma conversar, falar para ela poder ver como melhorar sua aula, mas era em vão. Ela foi demitida e, como era da mesma categoria do sindicato para o qual eu trabalhava, sempre a via pelos corredores dos órgãos públicos.

Essas imagens apareciam em minha mente e o constrangimento que senti comigo mesma, sozinha no carro, foi me fazendo pensar nas consequências de meus atos na vida das pessoas. Esta professora poderia ter tomado outro rumo, sendo mais produtiva intelectualmente, ao invés de ficar atrás de balcão fazendo trabalhos repetitivos até a aposentadoria num órgão público.

A alegação dos meus alunos desta vez era o oposto: que eu não dava matérias, "enrolava" na aula, mas isso já não tinha a menor importância para mim. O fato ocorrera para eu verificar como era estar do outro lado, sentir a dificuldade de precisar encarar a busca por outro emprego, e, o principal: vivenciar a sensação de ter várias pessoas descontentes com meu desempenho profissional.

Na reunião, a coordenadora estava pouco à vontade para falar sobre minha demissão, mas tranquilizei-a dizendo estar tudo certo e entendido, havia aprendido o que precisava no meio acadêmico. Estou nesta vida para evoluir e havia chegado o momento de mudar o foco para não estagnar. Aquele era um momento para reflexão e mudança de direção.

Em outro emprego, a situação foi bem diferente. Fui trabalhar num local dirigido por árabes-libaneses e a primeira orientação recebida foi para usar calças compridas e blusas com gola alta, mangas também compridas e soltas de modo a não mostrar as curvas do corpo.

Por incrível que pareça, não me senti tão incomodada. Conheci um pouco da cultura e entendi tratar-se de questão religiosa o uso daquelas roupas. Também eram comuns as rezas dentro do ambiente de trabalho.

Como sempre, questionava-me sobre o motivo de estar naquele local e com aquelas pessoas. Sinto ter afinidade e ter tido um passado com algumas consciências que lá trabalhavam. A experiência serviu para eu constatar sobre o sentimento das mulheres em relação ao uso destas vestimentas. A maioria delas, inclusive crianças, usavam o chadô, cobrindo o corpo e os cabelos completamente, permanecendo somente o rosto à mostra.

Certo dia, entrei no banheiro feminino e uma das professoras estava sem o chadô. O susto dela foi tão grande que chegou a ficar pálida e repreendeu-me pela rapidez com que abri a porta principal porque poderia estar passando algum homem pelo corredor. As mulheres sentem-se nuas com os cabelos de fora, do mesmo modo que muitas mulheres sentiam ao mostrar as pernas há algumas décadas.

Embora eu pense diferente, sentindo-me "livre" para usar as roupas que desejar e tendo uma opinião contrária ao uso daquelas roupas, hoje não julgo as pessoas apenas pela roupagem. Combati, durante a militância, a opressão da mulher árabe e, na convivência, verifiquei que elas não "sofrem" pelo uso daquelas roupas. As garotas já querem tapar os cabelos antes mesmo de completar a idade.

Porém, há outros tipos de sofrimento, a exemplo da poligamia e da autoridade marital de poder bater nas mulheres, desde que não se deixem marcas. Difícil era ouvir as histórias de violência doméstica sem me indignar ou revoltar, já que nada podia fazer a não ser pensenizar positivamente em favor de todos. O importante é a consciência e sua realidade íntima. Cada pessoa precisará superar seus traumas e crises independentemente de onde nasceu ou de como foi sua formação cultural e mesológica.

Cada consciência precisará reconciliar-se com seus grupos do passado, já que traz, intrínsecos em sua consciência, os princípios pessoais, éticos e evolutivos. Os pensenes direcionam as pessoas às situações, a fim de se obter aprendizado. Cabe a cada um aproveitar as oportunidades ou deixar para a próxima vida.

Minha intenção não é ser complacente. Continuo não achando natural, num ambiente de temperatura elevada, mulheres se cobrirem da cabeça aos pés. Minha opinião é que há uma incoerência fisiológica com o corpo, da mesma maneira do uso de roupas leves num inverno enevoado. Ao mesmo tempo, desde a militância a violência é algo inconcebível para mim, porém, indignação não resolve o problema de ninguém.

Quebrei tabus quando soube que as meninas não eram obrigadas a se casar com quem o pai escolhesse. Em alguns países árabes a era moderna já chegou, embora ainda exista tamanha falta de livre-arbítrio e repressão.

Outro fato observado foi na época do ramadã[77], o sacrifício era sobre-humano de manterem-se em jejum por semanas todos

---

77 **Ramadã** – Ramadan ou ramadão, "nono mês do ano lunar muçulmano, consagrado ao jejum. (Durante todo o mês, os muçulmanos observam o jejum desde o nascer até ao pôr do sol.)" (Ferreira, Aurélio Buarque de Holanda; *Novo Aurélio Século XX: o Dicionário da Língua Portuguesa;* 1999)

que alcançam a puberdade. Além dos professores, e administradores, havia alunos e alunas jejuando. A cantina fechava neste período e ouvíamos os comentários de desmaios ocorridos em função da desorganização somática de ingerir excesso de alimentos à noite e nada durante o dia. O mais engraçado eram aqueles que não se continham e se dirigiam ao almoxarifado para comer "escondido".

Nesta escola, precisei participar de uma atividade atípica. Houve uma guerra no Líbano, onde foram mortos alguns alunos e pais de alunos que lá estavam em viagem. A Sociedade Libanesa de Foz do Iguaçu, juntamente com outras instituições nacionais, organizou uma mobilização pela paz.

Minha primeira reação foi a de não participar, porém, todos os funcionários foram convocados e mais uma vez, estava eu num ato público, ouvindo discursos emocionados.

Esta experiência foi diferente porque eu havia prometido a mim mesma que não mais participaria destas atividades, contudo, por mais uma ironia do destino, estava novamente com inúmeras pessoas em manifestação popular.

Desta vez, não estava engajada ideologicamente, não havia partidos políticos envolvidos, não sentia raiva nem indignação, apenas um desejo de que realmente a paz preponderasse e as vidas fossem preservadas.

Um abaixo-assinado foi feito para ser enviado ao Presidente da República do Brasil pedindo a intervenção do país, para que este solicitasse o cessar dos bombardeios no Líbano.

Tive a oportunidade de assinar, mas mesmo considerando aquele movimento com uma intenção positiva, não fui capaz de deixar meu nome registrado. Preferi me abster deste ato apenas para não estar repetindo o passado.

Solicitei minha demissão para abrir uma Editora, em sociedade com minha irmã e cunhado, onde pude vivenciar a experiência de estar do lado do "patrão", observando por outra ótica a relação empregatícia. Além do mais, posso ajudar outros autores em suas obras. Ao invés de usar minha experiências profissionais para a militância e o voluntariado, hoje aplico o que aprendi no voluntariado com a produção de livros para a área profissional em minha própria empresa.

Cada pessoa é uma individualidade polifacetada, sendo difícil separar de nós mesmos as vivências familiares, profissionais, de voluntariado, comunitária. A questão é manter a atenção focada nas atitudes e pensamentos para evitar cometer os mesmos erros e omissões do passado.

Outra situação de inversão de papéis foi abrir uma correspondência do TRE – Tribunal Regional Eleitoral do Paraná, na qual estava sendo convocada para trabalhar nas eleições na função de mesária. Tantas vezes fui fiscal nas eleições e nas apurações de votos (quando ainda não havia sistema informatizado), aproveitando sempre a oportunidade para fazer boca de urna, e agora estava eu sendo vigiada pelos fiscais dos candidatos e partidos concorrentes e ainda prestando serviço gratuito ao governo, justamente na área em que tanto atuei, a política.

Observava a desconfiança dos fiscais, que tinham a sensação de estarem sendo lesados. Também verificava a intenção de influenciar na opinião das pessoas. Quanto aos demais colegas de mesa, exerciam suas funções sem tendenciosidades, fato que eu consideraria inconcebível na época.

A vida me ofereceu estas oportunidades para recomposição, quando pude experimentar as situações estando em papéis distintos, ora em uma posição, ora em outra. Os aprendizados foram imensos, principalmente quanto à autoconstatação de que intimamente nada mais me causa indignação, apenas consigo analisar minha realidade consciencial daquele momento: o que sinto, o que lembro, como penso hoje, e assim vou me autoenfrentando cotidianamente.

Em relação à política, questiono a imaginação de um Socialismo democrático e a veracidade de uma distribuição igualitária de rendas favorecer a vivência prática da igualdade entre os cidadãos. As pessoas não se tornam iguais por ganharem o mesmo salário.

Vale a intencionalidade sadia de querer uma sociedade onde não hajam explorados e exploradores. Porém, vale mais o discernimento nas escolhas quanto aos grupos de atuação para se alcançar uma sociedade mais humana e fraterna. Estes grupos podem ser evolutivos, que trabalham em prol da melhoria da consciencialidade, ao invés de grupos sectários e partidários abrangendo um universo limitado.

Quando a consciência experimenta uma projeção lúcida, se torna autoconsciente quanto à atuação em outras dimensões e deixa de se preocupar apenas com as condições intrafísicas. A pretensão não é fazer apologia à dimensão extrafísica, mas demonstrar a existência desta outra realidade que não deve ser ignorada.

É possível a cada um contribuir para a melhoria do padrão de energias do planeta, através da assistencialidade e do respeito às consciências. O desenvolvimento lúcido do parapsiquismo e da projetabilidade aperfeiçoa e dinamiza tanto a evolução pessoal, quanto a grupal, pois permite uma expansão do nível de relações, do aprendizado dela decorrente e do conhecimento profundo acerca de si próprio.

O senso de priorização no aproveitamento do tempo, o colocar em prática toda a teoria conhecida e o desenvolvimento da tridotação consciencial – composto por intelectualidade, parapsiquismo e comunicabilidade, correspondem ao emprego da *inteligência evolutiva.*

Existem vários tipos de inteligência que podem ser isoladamente desenvolvidas, mas a congruência de todas elas cataliza a autoevolução porque se pauta no emprego lúcido dos atributos já conquistados e no esforço pessoal de superação das dificuldades.

Quanto mais se aprofunda no conhecimento da própria essência, maior a compreensão e a busca do aperfeiçoamento dos traços da personalidade identificados como sendo de difícil resolução. A cada passo, quando há análise racional e consequente mudança de posturas e atitudes, há também uma mudança de patamar evolutivo.

Coloco-me na condição de pesquisadora da Conscienciologia, mas, principalmente, pesquisadora de mim mesma. A experimentação substitui concepções e discursos; a comprovação de todas as teorias conscienciológicas se realiza pela autoexperimentação.

Mudei os paradigmas e os valores pessoais. Saí de um *paradigma materialista,* no sentido literal da palavra, para me inserir ou passar a atuar de acordo com o paradigma consciencial, a partir da autoconsciência de ser mais do que este corpo físico. Sou uma consciência imortal manifestando através de vários corpos e em várias dimensões.

Esta afirmação representa um fato que pode ser constatado por qualquer pessoa. Ninguém ou nada dito tem validade até se experimentar e se comprovar por meio de autopesquisas, de projeções da consciência ou da vivência prática das teorias e hipóteses sobre a autoconscientização multidimensional[78].

Através de autoquestionamentos, autopesquisas e autocrítica, respostas são obtidas acerca de comportamentos, formas

---

78 *"Autoconscientização multidimensional – Condição da lucidez madura da consciência intrafísica quanto à vida consciencial no estado evoluído de multidimensionalidade, alcançado através da projetabilidade lúcida."* (Vieira, Waldo; *Projeciologia: Panorama das Experiências Fora do Corpo Humano*; 2002).

de analisar a própria vida, maneiras de se relacionar com as pessoas. Amplia-se a percepção da realidade pessoal, sendo mais realista consigo mesmo, entendendo melhor os mecanismos de funcionamento, os mecanismos de defesa empregados para se autoenganar e os valores culturais apreendidos ao longo da vida intrafísica confundidos com os valores pessoais intrínsecos.

Na medida em que se observa quais características não são pessoais, mas adquiridas, cada um começa a se conhecer mais profundamente. Os sentimentos se depuram e alcançam condições de maior equilíbrio emocional, autocoerência, lucidez perante as atitudes instintivas e maior senso de fraternismo em relação à outras consciências, tanto intrafísicas quanto extrafísicas.

A Conscienciologia não serve apenas para ser estudada, mas para ser autoaplicada com autodiscernimento. Esta é uma grande diferença entre a Conscienciologia e as ciências convencionais, porque o objeto de pesquisa é o próprio pesquisador. "Quem vai estudar a consciência se não for a própria consciência?"[79]

---

79 Vieira, Waldo Vieira; *Projeciologia: Panorama das Experiências Fora do Corpo Humano;* 2002.

CONSCIÊNCIA POLÍTICA

O fato de pensar apenas nos explorados fazia com que evitasse de pensar em mim, nos anseios, expectativas para o futuro, planos.

Eu setorizava meu campo de abrangência apenas ao trabalhador e visualizava o mundo num único prisma, atitude sectária, não-universalista. O enfoque ou abrangência seria universalista se analisasse as consciências na condição de seres em evolução, indivíduos únicos e personalíssimos, sem enfatizar diferenças sociais, raciais, sexuais, características estritamente intrafísicas.

Em geral, a ampliação para um referencial multidimensional engloba as diversas formas e manifestações das consciências. Não significa que a análise quanto às diferenças não seja necessária. O estudo da Etologia, do comportamento humano e a mesologia é importante, porém, não é o mais significativo quando se pesquisa a consciência de maneira integral.

Eu ignorava o fato de existir uma razão para todas as relações ou situações da consciência. O padrão de pensene direciona para grupos de afinidades, nos quais encontra com outras consciências com idêntico padrão.

Sequer pensava haver as "leis de ação e reação", resultados das próprias escolhas das consciências. Pode haver a necessidade evolutiva das pessoas interagirem e realizarem determinadas experiências com determinados grupos para fins de aprendizado.

A vontade, o discernimento e o juízo crítico proporcionam aumento do senso de maturidade e de responsabilidade sobre as relações da consciência com as demais.

São imaturas as atitudes isoladas de grupos ou facções que reivindicam direitos intrafísicos transitórios. O foco central passa a ser a consciência (individualidade) e sua atuação em várias dimensões em busca da aquisição de conhecimentos para sua aplicação prática visando a evolução consciencial.

As relações entre as consciências vão se tornando cada vez mais saudáveis conforme vão surgindo preocupações reais em assistir umas às outras e em trabalhar em conjunto buscando uma convivialidade pautada no fraternismo.

Do que se tem experiência, o Capitalismo não representa o melhor sistema de governo por basear-se em competições, individualismos e priorização do dinheiro.

As teorias marxistas tornam-se desatualizadas. Diversos fatores contemporâneos não foram contemplados ou previstos. Segundo elas, a substituição do homem pela máquina geraria o "Exército de Reserva de Trabalho", que por sua vez, ajudaria no *processo revolucionário*. A revolução seria inevitável porque o próprio Capitalismo estaria fadado ao esgotamento.

Observamos o Capitalismo se direcionando para a Globalização. Novas relações de trabalho estão se consolidando em ambientes menos autoritários, mais flexíveis e numa tendência à prestação de serviços cada vez mais especializados e diversificados.

O Socialismo também não representa a condição ideal de convivência e de solidariedade se levarmos em conta a falta de liberdade ainda predominante. Contudo, se acrescido de democracia, pode ser considerado o sistema mais igualitário dentre os sistemas existentes hoje.

Com relação ao processo eleitoral, não faço campanha para nenhum candidato, assim como não faço campanha para "voto nulo".

Minha opinião é que as escolhas e decisões devam ser individuais, com respeito às convicções íntimas. Cada um é responsável pelo seu ato no momento em que deposita nas urnas os destinos de uma nação.

Sou ciente dos militantes me chamarem de "alienada política" ou "pelega" – termo que designava as pessoas que se afastavam da *esquerda* e mudavam de ideologia perante a política – mas fiz uma opção por uma concepção de vida diferente.

Já não posso mais pensar como antes: que todas as discrepâncias e diferenças sociais são frutos de explorações. Podem ocorrer injustiças, mas são resultados das imaturidades das consciências. Em qualquer nível, mesmo manipulações da mídia, demagogia dos governos, interesses financeiros acima da solidariedade, interesses egoísticos acima do altruísmo podem ser considerados imaturidades conscienciais. A evolução será inevitável para todos.

O futuro do planeta já pode ser observado pela formação de grandes grupos econômicos a caminho para o Estado Mundial. Este não chega a ser um ensejo diferente daquele defendido no passado, a diferença está na forma. Em minha opinião, a busca das negociações, dos acordos internacionais e dos consensos é a maneira mais adequada de se iniciar este Universalismo.

Neste atual momento, os interesses dos países são ainda unicamente econômicos, mas a integração das moedas deve ser apenas um primeiro passo em direção à integração entre os povos.

A implantação de um governo justo almejado pelos socialistas envolve a realização de uma *revolução,* impossível de ser concebida sem mortes.

Concordo com Mahatma Gandhi[80] em relação à "não-violência". Absolutamente nenhuma atitude justifica a violência. As *organizações* poderiam rever as propostas que visam

80 Mohandas Karamchand Gandhi (1869-1948) – *"Líder nacionalista e espiritual indiano."* (Outhwaite, William & Bottomore, Tom; *Dicionário do Pensamento Social do Século XX;* 1996) Conhecido por Mahatma (a Grande Alma) Gandhi.

a violência como meio para atingir o objetivo final de igualdade. A campanha deve ser pacifista[81].

Analiso os discursos elaborados na época da militância e verifico o quanto era *política* no sentido de ter facilidade para elaboração mental de frases impactantes, sem ter conhecimento profundo sobre o assunto em questão. Este artifício é típico: demonstrar o domínio de um assunto desconhecido e conseguir convencer as pessoas de que é a melhor alternativa apresentada.

Opino sobre os problemas maiores não virem de fora para dentro, do Governo ou dos patrões para com a população, mas das reações de cada uma das pessoas em relação à sua realidade. Isso equivale a dizer que a forma como se reage, com mais ou menos lucidez e discernimento, facilita ou dificulta a resolução dos problemas.

O fato de estar em determinado local, com determinadas consciências, ocorre porque o padrão de energias está de acordo, em sintonia ou frequência de afinidade.

Para mudar a situação é preciso promover reciclagens íntimas, que envolve a reciclagem emocional: perdão, reconciliação, desapego. Quanto mais saudável do ponto de vista consciencial, melhores as afinidades.

Isto não se exime quanto a ajudar os necessitados, não necessariamente doando alimentos ou conscientizando politicamente. Cada um tem uma parcela de responsabilidade e uma forma diferente de ajudar. Em determinado momento, com determinadas pessoas, é indispensável o socorro da alimentação e, para isso, pessoas se mobilizam para fazer esta assistência.

A sensibilidade com o sofrimento alheio sempre deveria haver, mas deverá se reverter em ações práticas e assistenciais

---

81 Pacifismo – *"Atitude que tem por objetivo a solução de conflitos sem o uso da violência, visando, assim, criar a paz entre indivíduos, grupos étnicos ou Estados."* (Silva, Francisco Carlos Teixeira da; *Enciclopédia de Guerras e Revoluções do Século XX: As Grandes Transformações do Mundo Contemporâneo;* 2004).

diferentes. A tarefa do esclarecimento e da assistência direta com a doação de energias, a ajuda nas projeções podem ser capazes de mudar a realidade das pessoas ou a informação sobre o paradigma consciencial.

Quando mudamos o pensene, mudamos nossas afinizações energéticas e podemos ampliar as possibilidades de manifestação. A partir do momento em que cada um buscar mudanças em si, mudará seu padrão energético e sairá da condição de vítima para a condição de dono do próprio destino.

A assistência atuante direto nas ideias, no mentalsoma, dá condições de esclarecer quanto ao potencial existente em cada um e como pode ser melhor empregado. Significa possibilitar a superação de dificuldades através da autopesquisa, ir descobrindo quem realmente se é, e o que precisa fazer para resolver seus conflitos mais íntimos.

Significa também desvendar *mistérios* acerca de suas manifestações em outras dimensões, sair do foco da intrafisicalidade e explorar outros universos de maneira inteiramente lúcida. É o saber ser capaz de realizar mais do que julgava conseguir, como sair do corpo de modo consciente e ir fazer assistência em ambientes onde há imenso sofrimento, imaturidades e falta de esclarecimento.

Hoje, quando percebo-me com atitudes de indignação em relação ao autoritarismo, ao machismo e ao racismo, procuro analisar, no exato momento, os fatores geradores deste sentimento e como posso melhorar, buscando ser mais universalista. Há um esforço pessoal e uma tendência a diminuir a repetição de comportamentos antigos e atitudes ultrapassadas.

Como exemplo, cito a tendência de defender situações ou pessoas as quais vitimizo. Ao defender alguém, mesmo a mim mesma, já evidencia uma visão unilateral. Como se pode tomar partido de uma situação sem conhecer os processos energéticos, grupocármicos ou multidimensionais envolvidos? É preciso ter discernimento nos posicionamentos.

Se observarmos a palavra "partido" constataremos que esta designa "parte" e não "o todo". O Universalismo abrange o "universo" e não parte dele.

Entendo que, o princípio da assistência deve se dar em níveis infinitos nos vários universos paralelos à dimensão intrafísica. Isso requer respeito à aplicação de uma ética universal, cósmica, ou cosmoética[82]. O uso positivo da consciência política tem como base abordagens cosmoéticas que buscam um consenso entre as opiniões e a vivência da grupalidade acima dos interesses pessoais e sectários.

Minha intenção não é convencer ninguém quanto às minhas verdades. Busco demonstrar minhas vivências para serem utilizadas como fonte de pesquisa por pessoas que passaram por situações similares ou àquelas dispostas a mudar o rumo de seus conceitos intrafísicos em favor de uma perspectiva multidimensional.

Minha militância hoje é comigo mesma. Consiste no esforço contínuo para alcançar a holomaturidade consciencial, maturidade integral de todos os atributos, capacidades e potencialidades, visando a evolução pessoal através da assistência lúcida às outras consciências.

---

82 *"Cosmoética (Cosmo + ética) – Ética ou reflexão sobre a moral cósmica, multidimensional, que define a holomaturidade, situada além da moral social, intrafísica, ou que se apresenta sob qualquer rótulo humano. É uma especialidade da Conscienciologia."* (Vieira, Waldo; *Projeciologia: Panorama das Experiências Fora do Corpo Humano;* 2002).

REVOLUÇÕES CONSCIENCIAIS

Existem duas formas de ocorrer a transformação da sociedade: Politicamente ou Consciencialmente.

Politicamente: envolve interesses pessoais, econômicos e ideológicos. Pode acontecer através de mudanças nos sistemas de governo pelo processo eleitoral, por meio da dominação de um país sobre outro ou por um *movimento revolucionário.* Pode ocorrer de maneira gradual ou imediata, pacífica ou através de conflitos.

Consciencialmente: envolve a manifestação de consciências dispostas a colaborar de maneira anônima para o maxifraternismo nas dimensões intra e extrafísicas. Ocorre de maneira sutil, sem "ruídos", sem sequelas ou traumas, sem dinheiro, sem "acordos". Se dá pela mudança do holopensene pessoal que muda o holopensene da sociedade. "O consenso universal não precisa de oposição"[83].

Cada consciência é livre para ter suas concepções, seguir suas ideologias e aproveitar os conhecimentos adquiridos ao longo da história pessoal.

A atuação em grupos defensores da transformação social também é opção pessoal, contudo, o discernimento quanto ao holopensene dos grupos deve ser um pré-requisito fundamental antes de se decidir integrar aos mesmos. Outro critério deve ser a análise dos métodos empregados para se atingir os objetivos. Como diz o ditado popular, "os fins não justificam os meios".

Todos têm o direito de buscar os próprios rumos da autoevolução e, neste sentido, o estudo da intraconsciencialidade e da interassistencialidade podem ser instrumentos mais eficazes

---

83 Vieira, Waldo; *Nossa Evolução;* 1996.

para a compreensão da própria realidade consciencial, dinamizando o processo de autoconhecimento.

Apenas o estudo não provoca as mudanças íntimas que aperfeiçoam os atributos da consciência. É necessária a aplicação prática dos conhecimentos adquiridos de maneira autocrítica, lúcida, planejada e organizada.

Neste livro, aplico o termo *Revolução* com o sentido de *mudança*. Portanto, cabe a cada um impor o próprio ritmo das *revoluções* pessoais.

Cada um deve ser capaz de promover o próprio "Movimento Revolucionário Individual", movimento pessoal e intransferível gerador de mudanças profundas na maneira de pensar e de agir. Capaz de eliminar traços-fardos da personalidade, como autoculpas, egocentrismo, autoritarismos e complexos de inferioridade. Capaz ainda de aprimorar atributos conscienciais como: autoconfiança, automotivação, auto-organização, discernimento, persistência, autoincorruptibilidade, cosmoética. Serve também como motivador para o desenvolvimento da autoconscientização multidimensional enquanto parâmetros além da intrafisicalidade e de acordo com o paradigma consciencial.

A priorização do materialismo, ou intrafisicalismo, torna-se pequena quando se constata, pela própria experimentação, a existência de outra realidade, a realidade multidimensional. Isso não significa que somente esta deva ser levada em consideração, principalmente em se tratando de valorização da vida intrafísica e de cuidados com o soma. Tudo tem sua importância, porém, a consciência vai além e sua manifestação extrapola a matéria.

Dizer ser a Terra redonda em um período no qual a maioria acreditava ser plana, equivale a dizer hoje aos materialistas que a origem da consciência não é intrafísica e estamos temporariamente neste soma para dar continuidade ao processo de evolução consciencial.

Inicialmente a informação causa uma certa estranheza ou repulsa até a aceitação do fato pelas evidências lógicas, coerentes e reais.

Ainda existem preconceitos quanto aos fenômenos parapsíquicos e a realidade multidimensional. As diversas linhas de pensamento, muitas vezes por falta de conhecimentos, levam às adorações, gurulatrias, ocultismo e processos de dominações ideológicas.

A análise racional, isenta de crenças e fundamentada em experimentações, fará com que estes fenômenos sejam reconhecidos como fatos se o paradigma utilizado for o paradigma consciencial, a consciência no foco da pesquisa e autopesquisa.

Apesar do aumento, em todo o mundo, do número de experimentos quanto à realidade além da matéria, a comprovação pessoal ainda é o mais importante. A autoexperimentação lúcida e racional favorecerá a cada um a opção pelo paradigma consciencial.

A experiência pessoal é insubstituível e agente motivador à autossuperação. A história comprova que o ser humano sempre esteve em busca de autossuperações. Investiu em estudos, pesquisas, teorias e descobertas em todas as áreas das Ciências. Investiu em invenções, adaptações e transformações de máquinas e equipamentos que contribuissem nestas superações.

Porém, estes estudos sempre foram direcionados para a realidade da matéria, dos cinco sentidos físicos e para o que pode ser comprovado.

Vários fatores contribuiram para o homem não investir em sua capacidade de ir além da intrafisicalidade. As ideias repressoras, a sonegação de informações e os interesses obscuros impediram uma divulgação mais ampla dos temas direcionados à Metafísica.

A limitação estabelecida pela ciência convencional reduziu os parâmetros de abrangência gerando avaliações mecanicistas, restritas apenas ao âmbito do elemento material. Chegará o momento em que haverá a necessidade da Ciência promover o abertismo para os estudos quanto à multidimensionalidade, mudando os enfoques e o paradigma-base das pesquisas.

A *Revolução Científica* promovida pela Conscienciologia implantará um novo paradigma norteador, rompendo condicionamentos intrafísicos e extrapolando as barreiras da matéria para a vivência multidimensional e multiveicular dos experimentos científicos, repercutindo na mudança de vida no Planeta Terra.

O Paradigma pessoal é o que caracteriza o padrão de pensene individual, sendo a sociedade o resultado do conjunto de pensenes de cada um de seus habitantes.

A *Revolução Consciencial* consiste na mudança do pensene individual, que alterará o padrão de holopensene da sociedade gerando uma *Transformação Social.*

A *Revolução Social* será alcançada gradualmente, de acordo com a mudança do holopensene do Planeta.

Cada um possui livre-arbítrio e responsabilidade
perante suas Revoluções e Evoluções.
Todos podem vivenciar, agora, neste momento,
suas Revoluções Intraconscienciais.

BIBLIOGRAFIA

01. **BALONA, Málu;** *Síndrome do Estrangeiro – O Banzo Consciencial;* pref. Waldo Vieira; 334 p.; 14 caps.; 380 refs.; alf.; 21 x 14 cm; Rio de Janeiro, RJ; Instituto Internacional de Projeciologia e Conscienciologia; 1998.

02. **BOBBIO, Norberto, MATTEUCCI, Nicola & PASQUINO, Gianfranco;** *Dicionário de Política;* trad. Luiz Guerreira Pinto Cocais, João Ferreira, Gaetano Lo Mônaco, Renzo Dini e Carmem C. Varrialle; 1318 p.; Brasília, DF; Editora Universidade de Brasília, Gráfica e Editora Hamburg Ltda; 1986.

03. **BOTTOMORE, Tom;** *Dicionário do Pensamento Marxista";* trad. Waltensir Dutra; 454 p.; Rio de Janeiro, RJ; Jorge Zahar Editor; 1993)

04. **BONAVIDES, Paulo;** *Ciência Política;* 496 p.; 28 cap.; 10ª edição; São Paulo, SP; Malheiros Editores; 1994.

05. **CERATO, Sônia;** *A Ciência Conscienciologia e as Ciências Convencionais;* 400 p.; 10 caps.; 128 ref.; alf.; 24 x 16 cm; Rio de Janeiro, RJ; Instituto Internacional de Projeciologia e Conscienciologia; 1997. (Edição em Português: ISBN 85.86019–33–X).

06. **FARHAT, Saïd;** *Dicionário Parlamentar e Político: o processo político e legislativo no Brasil;* 998 p.; 1530 verbetes; alf.; ono; 28,5 x 21,5 cm; São Paulo, SP; Editora Melhoramentos; 1996.

06. **FERREIRA, Aurélio Buarque de Holanda;** *Novo Aurélio Século XX: o Dicionário da Língua Portuguesa;* 3ª edição; Rio de Janeiro, RJ; Editora Nova Fronteira S.A.; 1999.

07. **GUÉRIN, Daniel, ROCKER, Rudolf, JOYEUX, Maurice, RAGON, Michel, BARRUÉ, Jean, VILAIN, Eric, e SKIRDA, Alexandre;** *Os Anarquistas Julgam Marx;* trad. Plínio Augusto Coelho; 136 p.; Brasília, DF; Novos Tempos Editora Ltda; 1986.

08. **GUZZI, Flavia;** *Mudar ou Mudar;* 230 p.; 14 caps.; 21 x 14 cm; Rio de Janeiro, RJ; Instituto Internacional de Projeciologia e Conscienciologia; 1998. (ISBN 85.86019.38.0).

09. **HAYEK, Friedrich A;** *O Caminho da Servidão;* trad. Leonel Vallandro; 222 p.; 15 cap.; Rio de Janeiro, RJ; Instituto Libera, Ed. Globo S.A.; 1977.

10. **HOUAISS, Antônio & VILLAR, Mauro de Salles;** *Dicionário Houaiss da Língua Portuguesa;* 1924 p.; Rio de Janeiro; Editora Objetiva; 2001.

11. **KARDEC, Allan;** *O Livro dos Espíritos (Le Livre des Espirits);* trad. Salvador Gentile; 432 p.; 84ª edição; São Paulo, SP; Instituto de Difusão Espírita; 1994.

12. **KUNH, Thomas S.;** *A Estrutura das Revoluções Científicas (The Structure of Scientific Revolutions);* 2ª edição; 257 p.; São Paulo, SP; Editora Perspectiva; 1978.

13. ***Grande Encliclopédia Larousse Cultural;*** 6122 p.; São Paulo; Editora Nova Cultural; 1998.

14. **MAAR, Leo Wolfgang;** *O que é Política;* 117 p; 5 cap.; São Paulo, SP; Abril Cultural, Editora Brasiliense, Coleção Primeiros Passos; 1985.

15. **MARX, Karl;** *Trabalho Assalariado e Capital;* trad. Olinto Beckerman; 48 p.; São Paulo, SP; Global Editora e Distribuidora Ltda, Coleção 27 Bases Economia; 1983.

16. **MONDIN, Battista;** *Introdução à Filosofia: Problemas – Sistema – Autores – Obras;* 5ª edição; 270 p.; 12 cap.; São Paulo, SP; Edições Paulinas; 1985.

17. **NAPOLEONI, Cláudio;** *Smith, Ricardo, Marx;* trad. José Fernandes Dias; 238 p.; Vol nº 4; 5 cap.; 2ª edição; Rio de Janeiro, RJ; Biblioteca Nacional; Edições Graal Ltda; 1981.

18. **OUTHWAITE, William & BOTTOMORE, Tom;** *Dicionário do Pensamento Social do Século XX;* trad. Eduardo Francisco Alves & Álvaro Cabral; 972 p.; Rio de Janeiro, RJ; Jorge Zahar Editores; 1996.

19. **PORTO, Walter Costa;** *Dicionário do Voto;* 478 p.; São Paulo; Editora Universidade de Brasília; 2000.

20. **PRIVAT, Edmond;** *A Vida de Gandhi: A Biografia Fascinante de um dos Grandes Líderes do Mundo Moderno;* trad. Othon M. Garcia; 197 p.; São Paulo,SP; Editora Cultrix.

21. **SANDRONI, Paulo,** organização e supervisão; *Novo Dicionário de Economia;* 375 p.; São Paulo, SP; Editora Best Seller – Círculo do Livro; 1994.

22. **SANDRONI, Paulo** organização; *Novíssimo Dicionário de Economia;* São Paulo, SP; Editora Best Seller; 1999.

23. **SILVA, Francisco Carlos Teixeira da,** coordenação; *Enciclopédia de Guerras e Revoluções do Século XX: As Grandes Transformações do Mundo Contemporâneo;* 972 p.; Rio de Janeiro, RJ; Editora Elsevier; 2004.

24. **SPADA, A. Merci;** *Doutrina Espírita no Tempo e no Espaço: 800 Verbetes Especializados;* 384 p.; São Paulo, SP; Editora Panorama; 2000.

25. **SPINDEL, Arnaldo;** *O que é Socialismo;* 79 p.; São Paulo, SP; Abril Cultural Editora Brasiliense; Coleção Primeiros Passos; 1985.

26. **VIEIRA, Waldo;** *Conscienciograma: Técnica da Avaliação da Consciência Integral;* 344 p.; 100 folhas de avaliação; 2.000 itens; 4 índices; 11 enu.; 7 refs.; glos. 282 termos; alf.; 150 abrev.; 21 x 14 cm; Rio de Janeiro, RJ; Instituto Internacional de Projeciologia e Conscienciologia; 1997. (Edições em Português: ISBN 85.86019.15.1; Espanhol: ISBN 85.86019.20.8).

27. **IDEM;** *200 Teáticas da Conscienciologia;* 260 p.; 200 cap.; 13 refs.; alf.; 21 x 14 cm; Rio de Janeiro, RJ; Instituto Internacional de Projeciologia e Conscienciologia; 1997. (ISBN 85.86019.24.0).

28. **IDEM;** *Manual da Dupla Evolutiva;* 212 p.; 40 caps.; 16 refs.; alf.; 21 x 14 cm; Rio de Janeiro, RJ; Instituto Internacional de Projeciologia e Conscienciologia; 1997. (ISBN 85.86019.27.5).

29. **IDEM;** *Manual da Proéxis: Programação Existencial;* 164 p.; 40 caps.; 10 refs.; alf.; 21 x 14 cm; Rio de Janeiro, RJ; Instituto Internacional de Projeciologia e Conscienciologia; 1997. (ISBN 85.86019.18.6).

30. **IDEM;** *Manual da Redação da Conscienciologia*; 272 p.; 605 refs.; glos. 282 termos; alf.; 148 abrev.; 28 x 21 x 1,5 cm; enc.; Rio de Janeiro, RJ; Instituto Internacional de Projeciologia e Conscienciologia; 1997. (ISBN 85.86019.22.4).

31. **IDEM;** *Nossa Evolução;* 168 p.; 15 caps.; 6 refs.; glos. 282 termos; 149 abrev.; alf.; 21 x 14 cm; Rio de Janeiro, RJ; Instituto Internacional de Projeciologia e Conscienciologia; 1996. (ISBN 85.86019.21.6).

32. **IDEM;** *Projeciologia: Panorama das Experiências Fora do Corpo Humano;* XVI + 1232 p.; 525 caps.; 43 ilus.; 1907 refs.; glos. 300 termos; 150 abrev.; ono.; geo.; alf.; 28 x 21 x 7 cm; enc.; 5ª edição; Brasil; Rio de Janeiro, RJ; Instituto Internacional de Projeciologia e Conscienciologia; 1999. (ISBN 85.86019.41.0).

33. **IDEM;** *Projeções da Consciência: Diário de Experiências Fora do Corpo Físico;* 224 p.; glos. 25 termos; 21 x 14 cm; 4ª edição; Rio de Janeiro, RJ; Instituto Internacional de Projeciologia e Conscienciologia; 1992. (Edições em Português: ISBN 85.86019.04.6; Espanhol: ISBN 85.86019.02.X; Inglês: ISBN 85.86019.01.1).

34. **IDEM;** *700 Experimentos da Conscienciologia;* 1058 p.; 700 caps.; 300 testes; 8 índices; 2 tabs.; 600 enu.; ono.; 5116 refs.; glos. 280 termos; 147 abrev.; 28,5 x 21,5 cm; enc.; Rio de Janeiro, RJ; Instituto Internacional de Projeciologia e Conscienciologia; 1994. (ISBN 85.86019.05.4).

35. **IDEM;** *Temas da Conscienciologia;* 232 p.; 90 caps.; 16 refs.; alfs.; 21 x 14 cm; 4ª edição; Rio de Janeiro, RJ; Instituto Internacional de Projeciologia e Conscienciologia; 1997. (ISBN 85.86019.28.3).

WEBGRAFIA

Sites acessados em 28 de junho de 2007:

Legislação Federal:

01. http://www.planalto.gov.br/ccivil/_03/decreto/historicos/dpl/dpl2380.htm

02. http://www.planalto.gov.br/ccivil_03/leis/2003/l10.639.htm

03. http://www.planalto.gov.br/ccivil_03/leis/l4504.htm

04. http://www.planalto.gov.br/ccivil_03/leis/l4737.htm

05. http://www.planalto.gov.br/ccivil_03/leis/l7395.htm

06. http://www.planalto.gov.br/ccivil_03/leis/l9100.htm

07. http://www.senado.gov.br/relatorios_sgm/Rel/Presi/2013/006-Parte%20I-6_situacao_juridica_partido%20.pdt

Órgãos Públicos:

08. http://www.cruzvermelha.org.br

09. http://www.onu-brasil.org.br

Organizações Populares:

10. http://www.cut.org.br/institucional/38/historico

11. http://www.mst.org.br/node/7702

12. http://www.une.org.br/2011/09/historia-da-une

Partidos Políticos:

12. http://www.pcb.org.br/portal/docs/historia.pdf

13. http://www.pcdob.org.br/interno.php?pagina=1900-1920.htm

14. http://www.pps.org.br/helper/show/164906

15. http://www.psb40.org.br/fixa.asp?det=10

16. http://www.pstu.org.br/partido?identificacao=7796

17. http://www.pt.org.br/institucional/#

GLOSSÁRIO

Amparador – Consciex auxiliadora de uma conscin ou de várias conscins; benfeitor extrafísico. Expressões equivalentes, arcaicas, desgastadas e envilecidas pelo emprego continuado: anjo de guarda; anjo de luz; guia; mentor.

Assim *(as + sim)* – Assimilação simpática de ECs, ou energias conscienciais, pela vontade, não raro com a decodificação de um conjunto de pensenes de outra(s) consciência(s).

Atacadismo consciencial – Sistema de comportamento individual caracterizado pela diretriz de se levar em conjunto, ou de eito, os atos conscienciais, sem deixar rastros ou *gaps* evolutivos, negativos, para trás.

Autoconsciencialidade – Qualidade do nível de autoconhecimento por parte da própria consciência; megaconhecimento.

Autoconscientização multidimensional (**AM**) – Condição da lucidez madura da conscin quanto à vida consciencial no estado evoluído de multidimensionalidade, alcançado através da PL, ou projetabilidade lúcida.

Automimese existencial – Imitação, por parte da conscin, das próprias vivências ou experiências passadas, sejam do renascimento intrafísico atual ou de existências anteriores.

Autopesquisa – Pesquisa que a consciência realiza tendo como objeto de pesquisa a si mesma; autoconhecimento.

Cardiochacra *(cardio + chacra)* – O quarto chacra básico, agente influente na emotividade da conscin, vitalizador do coração e dos pulmões.

Chacra – Núcleo ou campo limitador de energia consciencial, cujo conjunto constitui basicamente o *holochacra,* paracorpo energético dentro do soma, fazendo a junção com o psicossoma, atuando como ponto de conexão pelo qual a EC flui de um veículo consciencial para outro. A palavra *chacra* é um dos nossos *limites críticos neologísticos.* Este autor não encontrou outro vocábulo internacional, uninominal, mais adequado, ou ideal, para colocar em seu lugar e combater o *preconceito filosófico* existente a seu respeito (seus derivados e cognatos). O que importa, leitor ou leitora, antes de tudo, neste contexto, é o *conteúdo ideático* e não a *forma linguística*. Vivemos na *deficienciolândia*, mas a evolução consciencial prossegue com a Holo*chacra*logia.

Ciclo multiexistencial – Sistema ou condição de alternância contínua, em nosso nível evolutivo médio, de um período de renascimento intrafísico *(seriéxis)* com outro período pós-desativação somática, extrafísico, ou a *intermissão*.

Compléxis *(comple + exis)* – Condição da completude existencial da proéxis da consciência humana.

Consciência (Latim: *con + scientia*, com conhecimento) **livre (CL)** – Consciência – ou melhor: consciex – que se libertou definitivamente (desativação) do psicossoma ou paracorpo emocional, e das fieiras das seriéxis, situada na *hierarquia evolutiva* depois do *Homo sapiens serenissimus*.

Conscienciocentrismo – Filosofia social que centraliza os seus objetivos na consciência em si, e em sua evolução, especialidade da Conscienciologia, sob o nome de *Conscienciocentrologia*, que estuda a criação e a manutenção da instituição conscienciocêntrica ao modo de uma cooperativa consciencial, dentro da Socin Conscienciológica, com base nos vínculos empregatício e consciencial.

Conscienciologia – Ciência que estuda a consciência de modo integral, holossomático, multidimensional, multimilenar, multiexistencial e, sobretudo, conforme as suas reações perante as EIs e as ECs, bem como em seus múltiplos estados.

Conscienciólogo (a) – Conscin empenhada no estudo permanente e na experimentação objetiva, dentro do campo de pesquisas da Conscienciologia, na qualidade de agente de renovações evolutivas *(agente retrocognitor)*, no trabalho libertário das consciências em geral.

Conscienciotерapia – Tratamento, alívio ou remissão de distúrbios da consciência, executados através dos recursos e técnicas derivadas da Conscienciologia.

Consciex *(consci + ex)* – Consciência *extra*física; o paracidadão ou paracidadã da Sociex. Sinônimo envilecido pelo uso: *desencarnado*.

Continuísmo consciencial – Condição da inteireza – sem brechas – na continuidade da vida consciencial através da previsão providencial e do auto-revezamento evolutivo, ou seja: a emenda desta vivência do momento, às vivências imediatamente anterior e posterior, incessantemente, em um todo coeso e único, sem solução de continuidade nem experiências conscienciais estanques.

Cosmoética *(cosmo + ética)* – Ética ou reflexão sobre a moral cósmica, multidimensional, que define a holomaturidade, situada além da moral social, intrafísica, ou que se apresenta sob qualquer rótulo humano. É uma especialidade da Conscienciologia.

Curso intermissivo – Conjunto de disciplinas e experiências teáticas administradas à consciex, depois de determinado nível evolutivo, durante o período da intermissão consciencial, dentro do seu ciclo de existências pessoais, objetivando o completismo consciencial (compléxis) da próxima seriéxis.

Dessoma *(des + soma)* – Desativação somática, próxima e inevitável para todas as conscins; projeção final; *primeira morte*; morte biológica; monotanatose. A dessoma (simplesmente) ou *primeira* dessoma é a desativação do corpo humano ou soma. A *segunda* dessoma é a desativação do holochacra. A *terceira* dessoma é a desativação do psicossoma.

Dimener *(dime + ener)* – Dimensão energética das consciências; dimensão holochacral; dimensão *três-e-meio.* Dimensão natural do holochacra.

Dimensão extrafísica – As dimensões diferentes da dimensão física, onde a consciência pode se manifestar através de outros veículos que não o soma ou corpo físico.

Dupla evolutiva – Duas consciências que interagem positivamente em evolução conjunta; condição existencial de *evolutividade intercooperativa* a dois.

Egocarma *(ego + carma)* – Princípio de causa e efeito, atuante na evolução da consciência, quando centrado exclusivamente no ego em si. Estado do livre-arbítrio preso ao egocentrismo infantil. A palavra *carma* é outro dos nossos *limites críticos neológisticos.* Este autor não encontrou outro vocábulo internacional, uninominal, mais adequado, ou ideal, para colocar em seu lugar e combater o *preconceito científico* existente a seu respeito (seus derivados e cognatos). O que importa, leitor ou leitora, antes de tudo, neste contexto, é o *conteúdo ideático* e não a *forma linguística.* Vivemos na *deficienciolândia,* mas a evolução consciencial prossegue com a Holo*carma*logia.

Energia consciencial (**EC**) – A energia imanente que a consciência emprega em suas manifestações em geral; o *ene* do pensene.

Energia imanente (**EI**) – Energia primária, vibratória, essencial, multiforme, impessoal, difusa e dispersa em todos os objetos ou *realidades* do Universo, de modo onipotente, ainda indomada pela consciência humana, e demasiadamente sutil para ser descoberta e detectada pelos atuais instrumentos tecnológicos.

Era consciencial – Aquela na qual a média das conscins encontrar-se-ão suficientemente evoluída, através dos impactos, redefinições e revoluções criadas pela vivência da projetabilidade lúcida (PL), implantando-se o *primado da autoconsciencialidade.*

Estado vibracional (**EV**) – Condição técnica de dinamização máxima das energias do holochacra, através da impulsão da vontade.

Euforin *(eufor + in)* – Condição da euforia intrafísica, antes da desativação somática gerada pelo cumprimento razoável da proéxis; euforia *pré-mortem.* Condição predisponente ideal à moréxis positiva.

Evoluciologia – Especialidade da Conscienciologia que estuda a evolução da consciência abordada de modo integral, em alto nível, matéria adstrita especificamente ao evoluciólogo ou orientador evolutivo.

Extrafísico – Relativo àquilo que esteja fora, ou além, do estado *intra*físico ou humano; estado consciencial *menos* físico do que o soma.

Grafopensene *(grafo + pen + sen + ene)* – A *assinatura pensênica* da consciência humana ou intrafísica.

Grupalidade – Qualidade do grupo evolutivo da consciência; condição da evolutividade em grupo.

Grupocarma *(grupo + carma)* – Princípio de causa e efeito, atuante na evolução da consciência, quando centrado no grupo evolutivo. Estado do livre-arbítrio individual, quando ligado ao grupo evolutivo.

Grupopensene *(grupo + pen + sen + ene)* – O pensene sectário, corporativista e antipolicármico; mas o grupopensene pode ser também construtivo.

Heteropensene *(hetero + pen + sen + ene)* – O pensene de outrem em relação a nós.

Hiperacuidade – Qualidade da lucidez máxima da conscin alcançada pela recuperação – que lhe é possível – dos cons.

Hiperespaços consciencias – Dimensões consciencias extrafísicas.

Holocarma *(holo + carma)* – Reunião dos 3 tipos de ações e reações conscienciais – egocarma, grupocarma e policarma – dentro dos princípios de causa e efeito, atuantes na evolução da consciência.

Holochacra *(holo + chacra)* – Paracorpo energético da consciência humana.

Holochacralidade – Qualidade das manifestações da conscin derivadas do holochacra ou corpo energético.

Holomaturidade *(holo + maturidade)* – Condição da maturidade integrada – biológica, psicológica, holossomática e multidimensional – da consciência humana.

Holomemória *(holo + memória)* – Memória causal, composta, multimilenar, multiexistencial, implacável, ininterrupta, pessoal, que retém todos os fatos relativos à consciência; multimemória; polimemória.

Holomemória (holo + memória) – Memória causal, composta, multimilenar, multidimensional, implacável, ininterrupta, pessoal, que retém todos os fatos relativos à consciência; multimemória; polimemória.

Holopensene *(holo + pen + sen + ene)* – Pensenes agregados ou consolidados. Sinônimo envilecido pelo uso: *egrégora.* Esta palavra gera resistência em larga faixa dos leitores sérios das ciências.

Holossoma *(holo + soma)* – Conjunto dos veículos de manifestação da conscin: soma, holochacra, psicossoma e mentalsoma; e da consciex: psicossoma e mentalsoma.

Incompléxis *(in + comple + exis)* – Condição existencial da proéxis incompleta da consciência humana.

Instituição conscienciocêntrica – Aquela que centraliza seus objetivos na consciência em si, e em sua evolução, ao modo do Instituto Internacional de Projeciologia e Conscienciologia (IIPC); cooperativa consciencial, dentro da Socin Conscienciológica, com base nos vínculos empregatício e consciencial.

Intermissão – Período extrafísico da consciência entre duas das suas seriéxis pessoais.

Intermissão pós-somática – Período extrafísico da consciência imediato à sua desativação somática.

Intermissão pré-somática – Período extrafísico da consciência anterior ao seu renascimento intrafísico.

Intermissibilidade – Qualidade do período de intermissão de uma consciência.

Interprisão grupocármica – Condição da inseparabilidade grupocármica do princípio consciencial evolutivo ou consciência.

Intraconsciencialidade – Qualidade das manifestações específicas da intimidade da consciência.

Intrafisicalidade – Condição da vida intrafísica, humana, ou da existência da consciência humana.

Intrapensene *(intra + pen + sen + ene)* – Pensene *intra*consciencial da consciência humana.

Intrusão energética – Invasão de uma consciência em outra através das ECs ou do holochacra.

Intrusão holochacral – Invasão de uma conscin em outra através do holochacra; intrusão energética.

Intrusão holossomática – Invasão de uma consciência em outra através de todo o holossoma.

Intrusão interconsciencial – Ação exercida por uma consciência sobre outra.

Intrusão pensênica – Invasão de uma consciência em outra através do mentalsoma.

Intrusão psicossomática – Invasão de uma consciência em outra através da emocionalidade, ou pelo psicossoma.

Mandato pré-intrafísico – Programação existencial para a vida humana planejada antes do renascimento intrafísico da consciência; proéxis.

Materpensene *(mater + pen + sen + ene)* – Idéia-mãe ou a matriz de todo um desenvolvimento de tese, teoria ou ensaio, o *leit-motif,* o pilar mestre ou o pensene predominante em um holopensene.

Maturidade integrada – Estado da maturidade consciencial mais evoluída, além da maturidade biológica ou física, e da maturidade mental ou psicológica; holomaturidade.

Maxifraternidade – Condição interconsciencial, universalista, mais evoluída, fundamentada na fraternidade pura da consciência auto-imperdoadora e heteroperdoadora, meta inevitável na evolução de todas as consciências. Sinônimo: Megafraternidade.

Maximoréxis *(maxi + mor + exis)* – Condição da moréxis existencial – a maior – ou quando vem para a conscin *completista,* na qualidade de acréscimo ou adendo (base superavitária), quanto ao compléxis da sua proéxis; portanto, a execução de um *extra sadio* de um mandato existencial concluído.

Maxiproéxis *(maxi + pro + exis)* – Programação existencial máxima, *por atacado,* ou visando à execução de tarefa na vivência do universalismo e da maxifraternidade, com bases policármicas.

Megameta – O objetivo maior da auto-evolução para a consciência.

Megapensene *(mega + pen + sen + ene)* – O mesmo que ortopensene.

Megapoder – A condição evoluída de lucidez magna, cosmoética, da consciência.

Megatrafar *(mega + tra + far)* – O trafar máximo da consciência.

Megatrafor *(mega + tra + for)* – O trafor máximo da consciência.

Melin *(mel + in)* – Condição da melancolia intrafísica ou *pré-mortem.*

Mentalsoma *(mental + soma)* – Corpo mental; o *paracorpo* do discernimento da consciência. Plural: *mentaissomas.*

Metassoma *(meta + soma)* – O mesmo que psicossoma, instrumento extrafísico de consciexes e conscins.

Microuniverso consciencial – A consciência considerada de per si, como um todo, englobando todos os seus atributos, pensenes e manifestações no desenvolvimento da sua evolução. O microcosmo da consciência em relação ao macrocosmo do Universo.

Mimese cosmoética – Impulso social produtivo de imitação dos antepassados evoluídos da conscin.

Minimoréxis *(mini + mor + exis)* – Condição da moratória existencial – a menor – ou quando vem para a conscin *incompletista* ressarcir o seu *déficit holocármico* (base deficitária) ou concluir a condição do compléxis quanto à sua proéxis; portanto, o acabamento de um mandato existencial ainda inconcluso.

Miniproéxis *(mini + pro + exis)* – Programação existencial mínima, *a varejo,* ou objetivando a execução de uma tarefa mínima, ainda grupocármica.

Monopensene *(mono + pen + sen + ene)* – O pensene repetitivo; o monoideísmo; a idéia fixa; o eco mental; *re*pensene.

Monotanatose – O mesmo que *dessoma; primeira dessoma.*

Morfopensene *(morfo + pen + sen + ene)* – O pensamento ou um conjunto de pensamentos quando reunidos e se expressando, de algum modo, como uma *forma.* Expressão arcaica, agora em desuso: *forma-pensamento.* A acumulação de morfopensenes compõe o holopensene.

Multicompléxis *(multi + compl + exis)* – Multicompletismo existencial ou o compléxis obtido através da execução de várias programações existenciais (proéxis) em diversas vidas intrafísicas (seriéxis) consecutivas.

Multidimensionalidade – qualidade da vivência pessoal nas múltiplas dimensões da consciência.

Neopensene *(neo + pen + sen + ene)* – O pensene da conscin, quando se manifesta através de novas sinapses ou conexões interneuroniais, capaz de criar a recin ou a reciclagem *intra*consciencial; a *unidade de medida* da renovação consciencial, segundo a Conscienciologia, ou, mais apropriadamente, a Conscienciometria.

Oniropensene *(oniro + pen + sen + ene)* – O mesmo que patopensene.

Ortopensene *(orto + pen + sen + ene)* – O pensene *reto* ou cosmoético, próprio da holomaturidade consciencial; a *unidade de medida* da cosmoética prática, segundo a Conscienciometria.

Para – Prefixo que significa *além de, ao lado de*, como em *paracérebro*. Significa, também, *extrafísico*.

Paracomatose consciencial – Estado de coma extrafísico da conscin, quando projetada, que permanece invariavelmente inconsciente e, portanto, sem rememorações extrafísicas.

Paradigma consciencial – Teoria-líder da Conscienciologia fundamentada na própria consciência.

Parapensene *(para + pen + sen + ene)* – O pensene específico da consciex ou consciência extrafísica.

Parapsiquismo – Transcendentalidade. Engloba todos os fenômenos **que** possibilitam ao indivíduo a atuação interdimen-sional.

Patopensene *(pato + pen + sen + ene)* – O pensene patológico ou da amência consciencial; o *pecadilho mental;* a vontade patológica; a intenção doentia; a *ruminação cerebral.*

Pensen *(pen + sen)* – Pensamento e sentimento.

Pensene *(pen + sen + ene)* – Unidade de manifestação prática da consciência, segundo a Conscienciologia, que considera o pensamento ou idéia (concepção), o sentimento ou a emoção e a EC (energia consciencial) em conjunto, de modo indissociável.

Pensenedor – Instrumento pelo qual a consciência manifesta os seus pensamentos e atos. No caso específico da conscin, o pensenedor fundamental é o soma.

Pensenidade – Qualidade da consciência pensênica de alguém.

Policarma *(poli + carma)* – Princípio de causa e efeito, atuante na evolução da consciência, quando centrado no senso e vivência da maxifraternidade cósmica, além do egocarma e do grupocarma.

Porão consciencial – Fase de manifestação infantil e adolescente da conscin, até chegar ao período da adultidade, caracterizada pelo predomínio dos traf*a*res mais primitivos da consciência multiveicular, multiexistencial e multimilenar.

Primener *(prim + ener)* – Primavera energética; condição pessoal, mais ou menos duradoura, de apogeu das ECs sadias e construtivas.

Princípios pessoais – Conjunto de valores e iniciativas norteadoras da vida consciencial, escolhido pela consciência, a partir da holomaturidade, multidimensionalidade e cosmoética vivida.

Proéxis *(pro + exis)* – Programação existencial específica de cada conscin em sua seriéxis, no caso, a existência intrafísica.

Proéxis avançada – Programação existencial da conscin, líder evolutiva, dentro de uma tarefa libertária específica do grupocarma, mais universalista e policármica, onde é minipeça lúcida e atuante dentro do maximecanismo da equipe multidimensional.

Projeção consciente (PC) – Projeção da conscin para além do soma; experiência extracorpórea.

Projeciologia (Latim: *projectio,* projeção; grego: *logos,* tratado) – Ciência que estuda as projeções da consciência e seus efeitos, inclusive as projeções das ECs para fora do holossoma. É uma especialidade da Conscienciologia.

Projetabilidade lúcida (**PL**) – Qualidade parafisiológica, projetiva, lúcida, da consciência, capaz de descoincidir-se ou tirar os seus veículos de manifestação da condição de alinhamento do holossoma, inclusive através da impulsão da própria vontade.

Psicossoma (Grego: *psyckhé,* alma; *soma,* corpo) – Paracorpo emocional da consciência; o *corpo objetivo* da conscin.

Recexibilidade – Qualidade da execução intrafísica da recéxis.

Recéxis *(rec + exis)* – Técnica da reciclagem existencial executada pela consciência humana.

Reciclante existencial – Conscin que se dispõe a executar a recéxis.

Recin *(reci + in)* – A reciclagem intrafísica, existencial, *intra*consciencial ou a renovação cerebral da conscin através da criação de novas sinapses ou conexões interneuroniais capazes de permitir o ajuste da proéxis, a execução da recéxis, a invéxis, a aquisição de idéias novas, os neopensenes, os hiperpensenes e outras conquistas neofílicas da consciência humana automotivada.

Repensene *(re + pen + sen + ene)* – O pensene repetido. O mesmo que *mono*pensene, idéia fixa ou monoideísmo.

Ressoma – Renascimento intrafísico. A aquisição de um novo soma após um período intermissivo ou intervidas.

Ressomática – Especialidade da Conscienciologia que trata dos fenômenos pertinentes à ressoma.

Retrocognição (Latim: *retro,* atrás; *cognoscere,* conhecer) – faculdade perceptiva pela qual a conscin fica conhecendo fatos, cenas, formas, objetos, sucessos e vivências pertencentes ao tempo passado distante, comumente relacionados com a sua holomemória.

Retropensene *(retro + pen + sen + ene)* – O pensene específico das auto-retrocognições; o mesmo que o *engrama* da Mnemotécnica; a *unidade de medida* das retrocognições, segundo a Conscienciometria.

Robéxis *(rob + exis)* – Robotização existencial; condição da conscin troposférica, excessivamente escravizada à intrafisicalidade ou quadridimensionalidade.

Sedução holochacral – Ação energética, com intenção dominadora mais ou menos consciente, de uma consciência sobre outra(s).

Sene *(sen + ene)* – Sentimento e energia consciencial.

Serialidade – Qualidade da consciência sujeita às seriéxis.

Seriéxis *(seri + exis)* – 1. Seriação existencial evolutiva da consciência; existências sucessivas; renascimentos intrafísicos em série. 2. Vida humana ou intrafísica. Sinônimo desgastado e envilecido pelo uso excessivo para a primeira acepção: *reencarnação;* esta palavra arcaica não mais atinge as pessoas sérias dedicadas às pesquisas de ponta da consciência.

Sinalética parapsíquica – Existência, identificação e emprego autoconsciente dos sinais energéticos, anímicos, parapsíquicos e personalíssimos, ou que toda conscin possui.

Sociex *(soci + ex)* – Sociedade Extrafísica ou das consciexes. Plural: Sociexes.

Socin *(soci + in)* – Sociedade Intrafísica ou das conscins; Sociedade Humana. Plural: Socins.

Soltura do holochacra – Condição de liberdade relativa de atuação do paracorpo energético da conscin, em relação ao psicossoma e ao soma.

Soma – Corpo humano; o corpo do indivíduo do reino *Animal,* filo *Cordata,* classe *Mamíferos,* ordem *Primatas,* família *Hominídia,* gênero *Homo,* espécie *Homo sapiens,* o mais elevado nível de animal sobre este Planeta; apesar do exposto, o veículo mais rústico do holossoma da consciência humana.

Sonho – Estado consciencial natural intermediário entre o estado da vigília física ordinária e o sono natural, caracterizado por um conjunto de idéias e imagens que se apresentam à consciência. O sonho aflitivo que tem como efeitos a agitação, a angústia e a opressão durante o seu desenvolvimento, recebe os nomes de: *pesadelo; terror noturno; alucinação pesadelar.*

Tacon *(ta + con)* – Tarefa da consolação, assistencial, pessoal ou grupal, primária.

Tares *(tar + es)* – Tarefa do esclarecimento, assistencial, pessoal ou grupal, avançada. Plural: tarefas do esclarecimento.

Teática *(te + ática)* – Vivência conjunta da teoria e da prática por parte da conscin ou da consciex.

Trafar *(tra + far)* – Traço-fardo da personalidade da conscin; componente negativo da estrutura do microuniverso consciencial que a consciência ainda não consegue alijar de si ou desvencilhar-se até o momento.

Trafor *(tra + for)* – Traço-força da personalidade da conscin; componente positivo da estrutura do microuniverso consciencial que impulsiona a evolução da consciência.

Tridotação consciencial – Qualidade dos 3 talentos conjugados mais úteis ao conscienciólogo: a intelectualidade, o parapsiquismo e a comunicabilidade; tridotalidade consciencial.

Universalismo – Conjunto de idéias derivadas da universalidade das leis básicas da Natureza e do Universo e que, através da evolução natural da consciência, torna-se inevitavelmente, a sua filosofia dominante; cosmismo.

Varejismo consciencial – Sistema primário de comportamento individual caracterizado pela ação através de atos conscienciais menores, isolados e de mínimo resultado produtivo ou efeito evolutivo magno.

Veículo da consciência – Instrumento ou corpo pelo qual a consciência se manifesta na intrafisicalidade (conscin) e nas dimensões extrafísicas (conscin e consciex).

Verbação *(verb + ação)* – Interação prática do verbo e da ação no comportamento coerente da consciência; resultado da palavra ratificada pelo exemplo através dos testemunhos vividos pela conscin.

Vírus da Socin – Qualquer traf*a*r social na vida intrafísica da consciência humana.

Vivência pessoal (VP) – Experimentação prática, pessoal, direta, intransferível, da conscin em seu caminho evolutivo.

Volitação – O processo mais comum de locomoção da consciência quando projetada para fora do corpo humano. Planagem extrafísica. Vôo extrafísico.

Xenopensene *(xeno + pen + sen + ene)* – O pensene intrusivo do assediador nas ocorrências de intrusão pensênica ou assedialidade; a *cunha mental;* a *unidade de medida* do assédio interconsciencial, segundo a Conscienciometria.

ÍNDICE GEOGRÁFICO

ÍNDICE ONOMÁSTICO

M

O

P

R

S

T

U

V

Z

ÍNDICE REMISSIVO

A

B

C

D

E

F

N

O

P

Q

R

S

T

ENTREVISTA COM A AUTORA

Jornalista Daniel Muniz entrevista a autora.

1. *Qual seu principal objetivo ao escrever livro autobiográfico com o título "Consciência em Revolução"?*

Meu objetivo foi, a partir de experiências pessoais, demonstrar que é possível renovar e implantar novos valores à própria vida. O título tem, intencionalmente, duplo sentido. Um sentido atribuído é o de "ter" consciência num processo revolucionário e outro é o de "ser" consciência em constante revolução intraconsciencial, ou renovação íntima. Ao desmembrá-lo em duas partes, fica delineada esta mudança na maneira de interpretar o título, bem como as mudanças pessoais ocorridas e que contribuíram para mudar o sentido da existência.

2. *Você demonstra ao longo do livro que buscou a política devido aos anseios de ajudar ao próximo e acabou deixando-a, porém mantendo o senso assistencial. Como conciliar esta necessidade de ajudar, em contraposição ao conhecimento sobre não ser possível resolver todos os problemas sociais?*

Percebi que posso ajudar a resolver os problemas sociais de uma maneira diferenciada, através do "efeito-halo", ou seja, ao melhorar-me consciencialmente, posso ir implantando um novo padrão de energias ao meu redor e melhorando os ambientes nos quais me manifesto. Não posso mudar as pessoas, como pensava antes, porque as pessoas precisam querer se melhorar, então, não adianta apenas dar-lhes melhores condições de vida aqui nesta dimensão, as necessidades de cada um vão muito além disso, mas posso divulgar ideias úteis para cada um buscar suas renovações íntimas e suas mudanças de vida.

3. *Você vivenciou a política dentro de movimentos de esquerda e viu surgirem movimentos de expressão como o Partido dos Trabalhadores, MST e PSTU. De que maneira você se posiciona hoje perante estes movimentos?*

Não posso deixar de sentir gratidão pelos aprendizados obtidos em todos eles. Convivi com pessoas incríveis. Com certeza, se tivesse as informações quanto à procedência não ser desta dimensão, minha vida teria outro direcionamento e não me envolveria de modo tão profundo com estes *movimentos;* porém, não me arrependo de nada realizado. Hoje percebo que posso desenvolver projetos mais altruístas no sentido da amplitude da assistencialidade. Nossa manifestação em diversas dimensões e em diferentes condições amplia este senso restrito de luta pelos direitos apenas da dimensão intrafísica, em uma única vida humana. A desigualdade existe, isto é um fato, mas apenas a organização partidária não é suficiente para se implantar uma nova sociedade, é necessário cada cidadão estar mais lúcido quanto a estas questões e contribuir para uma mudança de fato: pessoal e social.

4. *O que a fez sair dos movimentos políticos? Como você vê hoje a política, estando fora dela?*

Um fato traumatizante para mim, na época, me fez afastar do partido e dos movimentos populares. Com a descoberta da existência de outra realidade além desta, comecei a rever meus conceitos esquerdistas. As vivências a partir do paradigma consciencial foram descortinando uma nova realidade que era o desenvolvimento do parapsiquismo, ou capacidade de perceber e interagir com outras dimensões e isso gerou uma mudança em minha maneira de encarar o mundo. Afinal, se a vida continua após a morte, então porque tamanha ânsia em querer resolver todos os problemas da sociedade através de um processo revolucionário? Hoje não sinto necessidade mais de estar militando num partido político porque sei que posso contribuir de outras maneiras.

5. *Na sua opinião, indignação, revolta, luta política e anseios revolucionários ajudam em alguma coisa? Quem tem um senso de responsabilidade e fica indignado com injustiças sociais, na sua opinião, deve fazer o quê?*

Em minha opinião, não adianta ver o problema no outro, no governo ou nos patrões. O foco do estudo da consciência é em si mesma, na autoanálise constante: por que me sinto revoltada? Que sentimentos estou tendo neste momento? Este sentimento vai resolver algum problema? A ânsia por justiça implica em vitimização: há sempre vítimas e algozes. Mas como podemos saber quais tipos de relações estão envolvidas em todos os processos e interações pessoais e grupais? Podem haver afinidades entre grupos sociais que vêm de várias vidas e se assemelham pelo padrão comum de pensamentos, sentimentos e energias.

6. *Em que nível você coloca a responsabilidade dos cidadãos em comparação à responsabilidade política dos governos?*

Cada um tem um nível de responsabilidade de acordo com as informações que já possui. Quem já conhece a Conscienciologia e já a aplica no dia a dia, com certeza tem mais responsabilidade sobre os seus pensamentos e sentimentos e já pode implementar suas mudanças íntimas. Os dirigentes de uma nação possuem um nível de responsabilidade envolvendo muitas pessoas, contudo cada um responde por seus atos a si mesmo. Conta a sensação de estar de acordo com seus princípios pessoais e o saldo final das suas realizações. No íntimo, cada um sabe se tem algo importante a fazer em prol de outras consciências e cada um pode avaliar as sensações de satisfação ou insatisfação de se estar cumprindo este "algo a fazer".

7. *Como analisa você os diferenciais entre os esforços da "luta política" ou "de classes" e o atual esforço de alguns segmentos da sociedade em favor do trabalho voluntário?*

Todo esforço é útil. Qualquer *movimento* que objetiva o bem-estar social é válido. A diferença não está apenas na intencionalidade de ajudar, mas na forma. Há várias organizações defensoras dos direitos das minorias da sociedade, enquanto outras instituições trabalham em prol de muitas consciências. Cabe a cada um avaliar e ampliar ao máximo seu senso de assistencialidade e se engajar onde se sinta mais de acordo com suas convicções pessoais. A análise a partir do paradigma consciencial amplia o senso de assistencialidade porque envolve outras questões além da vida humana, que são manifestações em diferentes dimensões, aspectos energéticos e renascimentos em várias vidas para fins de aprendizado e evolução. O paradigma consciencial coloca a consciência, ou o indivíduo, na condição de agente de mudanças dentro de si mesmo e na sociedade. Para mim, a luta política ainda representa segmentos da sociedade (partido = parte) e o ideal é a abrangência para o maior número possível de consciências nesta e em diversas dimensões.

8. *O conceito de múltiplas vidas (passadas e futuras) fez você questionar a validade de movimentos que pretendem a resolução imediata de problemas como fome e pobreza? Por quê?*

Antes de mais nada, não considero que tudo deva ser resolvido em outras vidas e as pessoas devam passar fome. Em minha opinião, todos deveriam ter acesso à educação, à saúde e ao necessário para se viver, mas considero que cada um pode buscar se esforçar para sair da condição em que está ao invés de se vitimizar ou esperar a solução dos problemas vir do "céu" ou dos governos. Há inúmeros casos de pessoas que deram guinadas em suas vidas e isso é possível a todos. Basta vontade, empenho e muito esforço para aplicar em seu caso pessoal.

9. *Este conceito de que as pessoas vivem várias vidas é uma crença para você? O que você sugere para quem é contra este tipo de conceito?*

Não é uma crença, é uma realidade. Já tive projeções da consciência (experiências fora do corpo) de maneira lúcida. Isso não me deixa dúvidas quanto à existência de vida além do corpo físico. Todos nós já nascemos e morremos várias vezes. Quem se dispuser a vivenciar experiências fora do corpo poderá encontrar com pessoas já dessomadas e verificar como ocorrem os eventos em outras dimensões. A partir do momento de constatarmos esta possibilidade como realidade para nós mesmos, é inevitável a mudança nos valores pessoais porque se amplia o referencial, afinal não somos apenas um corpo biológico. Minhas principais mudanças de concepções surgiram a partir desta perspectiva. Além das experiências fora do corpo, também já experimentei retrocognições (lembranças de vidas passadas), convencendo-me, porque não foi alguém me contando, eu vivenciei com todo o realismo e certeza íntima. Sugiro a cada um se esforçar para sair conscientemente do corpo e ter suas experiências pela própria vontade, só assim se consegue comprovar, para si mesmo, a veracidade destas informações.

10. *Como desfazer velhos hábitos e implantar novos modos de pensar e agir?*

Para mudar é necessário empenho, vontade e muita persistência para enfrentar as dificuldades íntimas. Todos temos estes atributos a desenvolver, basta desenvolvê-los e utilizá-los na prática. Os velhos hábitos, os condicionamentos e as repressões não são superados apenas com a substituição para novos comportamentos, pois estes representam o final do processo. O início está na maneira de pensar, que vai gerar um novo comportamento. A questão é mudar a estrutura de pensamentos a respeito de si mesmo e do próximo. Isso vai trazer novas necessidades de mudanças cada vez mais profundas na personalidade.

11. *O que você sugere para quem acha que sua vida está repetitiva ou fora de rumo?*

A sensação de estar em melancolia constante pode significar que a pessoa está se afastando do planejado para sua vida antes de nascer. Ao retomar o contato com as tarefas programadas, a vida terá um novo sentido, relacionada com a ajuda ao semelhante e a si mesmo. Pode-se buscar fontes de satisfação pessoal no voluntariado ou serviços de assistência social. Quando se vê a possibilidade de ajudar outras pessoas a satisfação pessoal aumenta. Quem assistiu o filme ou leu sobre a vida de Patch Adams tem um exemplo do que estou falando. Quem quiser ir mais fundo e ampliar a noção de assistencialidade, pode procurar alguma instituição fundamentada na Conscienciologia, encontrar novos enfoques visando a autopesquisa, ou o estudo de si mesmo. Isto será de grande importância, porque vão se descortinando características pessoais a serem lapidadas e talentos ainda ocultos que podem alavancar o processo evolutivo.

12. *O livro, ao contar sua trajetória de vida, mostra que você é uma pessoa que se engaja profundamente naquilo que considera importante. Em quais projetos você atua ou pretende atuar?*

Pretendo manter meu vínculo com o voluntariado na Conscienciologia enquanto perceber que esta é a ciência mais avançada, *de vanguarda,* no estudo da consciência, e minha perspectiva é que isso deverá ocorrer durante toda esta minha vida porque não vejo a possibilidade de surgir nova ciência com enfoque tão abrangente e profundo nas próximas décadas. Também pretendo desenvolver novos temas de pesquisas para gerar novas publicações técnicas e científicas, novos livros capazes de ajudar as pessoas a se tornarem "consciências em revolução" e em evolução constante.

INSTITUIÇÕES CONSCIENCIOCÊNTRICAS (ICS)

ICs. As Instituições Conscienciocêntricas (ICs) são organizações cujos objetivos, metodologias de trabalho e modelos organizacionais estão fundamentados no *Paradigma Consciencial*. A atividade principal das ICs é apoiar a evolução das consciências através da *tarefa do esclarecimento* pautada pelas *verdades relativas de ponta*, encontradas nas pesquisas no campo da Ciência Conscienciologia e especialidades.

Voluntariado. Todas as Instituições Conscienciocêntricas são associações independentes, de caráter privado, sem fins de lucro e mantidas predominantemente pelo trabalho voluntário de professores, pesquisadores, administradores e profissionais de diversas áreas.

CCCI. O conjunto das Instituições Conscienciocêntricas e dos voluntários da Conscienciologia no planeta compõe a *Comunidade Conscienciológica Cosmoética Internacional* (CCCI) formada atualmente por 20 ICs, incluindo a *Associação Internacional Editares.*

AIEC – Associação Internacional para Expansão da Conscienciologia

Fundação: 22/04/2005
Sede: Av. Felipe Wandscheer, 6.200, sala 111, Cognópolis
Foz do Iguaçu, Paraná, Brasil, CEP: 85856-530
Tel.: +55 (45) 2102-1411
Site: www.worldaiec.org
Contato: aiec.comunicacao@gmail.com

Campus Discernimentum: Av. Felipe Wandscheer, 6.200, sala 201, Cognópolis, Foz do Iguaçu, Paraná, Brasil, CEP: 85856-530
Tel.: +55 (45) 2102-1400
Contato: contato@discernimentum.org

APEX – Associação Internacional da Programação Existencial

Fundação: 20/02/2007
Sede: Rua da Cosmoética, 1.511, Cognópolis, Caixa Postal 921, Centro, Foz do Iguaçu, Paraná, Brasil, CEP: 85851-000
Tel.: +55 (45) 3525-2652 – Fax: +55 (45) 3525-5511
Site: www.apexinternacional.org
Contato: contato@apexinternacional.org

ARACÊ – Associação Internacional para Evolução da Consciência

Fundação: 14/04/2001

***Campus* ARACÊ:** Rota do Conhecimento, Km 7, acesso pela BR-262, Km 87, Distrito de Aracê Domingos Martins, Espírito Santo, Brasil

Endereço para correspondência: Caixa Postal 110, Pedra Azul Domingos Martins, Espírito Santo, Brasil, CEP: 29278-000

Tel.: +55 (27) 9739-2400

Site: www.arace.org

Contato: associacao@arace.org

ASSINVÉXIS – Associação Internacional de Inversão Existencial

Fundação: 22/07/2004

***Campus* de Invexologia:** Av. Maria Bubiak, 1.100, Cognópolis Foz do Iguaçu, Paraná, Brasil, CEP: 85853-728

Tel.: +55 (45) 3525-0913

Site: www.assinvexis.org

Contato: contato@assinvexis.org

ASSIPEC – Associação Internacional de Pesquisas da Conscienciologia

Fundação: IC apresentada oficialmente na Tertúlia Conscienciológica do dia 14/08/2011

Sede: Rua XV de Novembro, 1.681, Vila Municipal Jundiaí, São Paulo, Brasil, CEP: 13201-006

Tel.: +55 (11) 4521-8541

Site: www.assipec.org

Contato: assipec@assipec.org

ASSIPI – Associação Internacional de Parapsiquismo Interassistencial

Fundação: 29/12/2011

Sede: Av. Felipe Wandscheer, 6.200, sala 212, Cognópolis Foz do Iguaçu, Paraná, Brasil, CEP: 85856-530

Tel.: +55 (11) 2102-1421 – VOIP: +55 (45) 4053-9818

Site: www.assipi.org

Contato: assipi@assipi.com

CEAEC – Associação Internacional do Centro de Altos Estudos da Conscienciologia

Fundação: 15/07/1995
Sede: Rua da Cosmoética, 1.511, Cognópolis
Caixa Postal 921, Centro
Foz do Iguaçu, Paraná, Brasil
CEP: 85851-000
Tel.: +55 (45) 3525-2652 – Fax:+55 (45) 3525-5511
Site: www.ceaec.org
Contato: ceaec@ceaec.org

COMUNICONS – Associação Internacional de Comunicação Conscienciológica

Fundação: 24/07/2005
Sede: Av. Felipe Wandscheer, 6.200, sala 206, Cognópolis
Foz do Iguaçu, Paraná, Brasil
CEP: 85856-530
Tel.: +55 (45) 2102-1409
Site: www.comunicons.org.br
Contato: comunicons@comunicons.org

CONSECUTIVUS – Associação Internacional de Pesquisas Seriexológicas e Holobiográficas

Fundação: 14/12/2014
Sede: Av. Felipe Wandscheer, 6.200, Casa 351, Cognópolis
Foz do Iguaçu, Paraná, Brasil
CEP: 85851-579
Tel.: +55 (45) 9807-1320
Site: www.consecutivus.com.br
Contato: consecutivus@consecutivus.com.br

CONSCIUS – Associação Internacional de Conscienciometria Interassistencial

Fundação: 24/02/2006
Sede: Av. Felipe Wandscheer, 6.200, casa 352, Cognópolis
Foz do Iguaçu, Paraná, Brasil
CEP: 85856-530
Tel.: +55 (45) 2102-1460
Site: www.conscius.org.br
Contato: conscius@conscius.org.br

ECTOLAB – Associação Internacional de Pesquisa Laboratorial em Ectoplasmia e Paracirurgia

Fundação: 14/07/2013
Sede: Avenida Felipe Wandscheer, 6.200, sala 105, Cognópolis
Foz do Iguaçu, PR, Brasil
CEP: 85856-630
Telefone: +55 (45) 2102-1427
Site: www.ectolab.org
Contato: ectolab@ectolab.org

EDITARES – Associação Internacional Editares

Fundação: 23/10/2004
Sede: Av. Felipe Wandscheer, 6.200, sala 107, Cognópolis
Foz do Iguaçu, Paraná, Brasil
CEP: 85856-530
Tel.: +55 (45) 2102-1407 – VOIP: +55 (45) 4053-953
Site: www.editares.org
Shopcons: www.shopcons.com.br (portal de compra de livros)
Contato: editares@editares.org

ENCYCLOSSAPIENS – Associação Internacional de Enciclopediologia Conscienciológica

Fundação: 21/12/2013
Sede: Rua da Cosmoética, 1.511, Cognópolis, Caixa Postal 921
Foz do Iguaçu, Paraná, Brasil
CEP: 85851-000
Tel.: +55 (45) 3525-2652 – Fax: +55 (45) 3525-5511
Site: www.encyclossapiens.org
Contato: contato@encyclossapiens.org

EVOLUCIN – Associação Internacional de Conscienciologia para Infância

Fundação: 09/07/2006
Sede: Av. Felipe Wandscheer, 6.200, sala 102, Cognópolis
Foz do Iguaçu, Paraná, Brasil
CEP: 85856-530
Tel.: +55 (45) 9909-6129
Site: www.evolucin.org
Contato: evolucin@gmail.com

IIPC – Instituto Internacional de Projeciologia e Conscienciologia

Fundação: 16/01/1988
Sede: Av. Felipe Wandscheer, 6.200, sala 103, Cognópolis
Foz do Iguaçu, Paraná, Brasil, CEP: 85856-530
Tel.: +55 (45) 2102-1448
Site: www.iipc.org.br
Contato: iipc@iipc.org.br

***Campus* de Pesquisas IIPC:** Estrada do Universalismo, 1.177, Sampaio Correa, Saquarema, Rio de Janeiro, Brasil
CEP: 28997-970
Tel.: +55 (22) 2654-1186
Contato: campussaquarema@iipc.org

INTERCAMPI – Associação Internacional dos *Campi* de Pesquisas da Conscienciologia

Fundação: 23/07/2005
Sede: Av. Antonio Basílio, 3006, sala 602, Lagoa Nova
Natal, Rio Grande do Norte, CEP: 59056-005
Tel.: +55 (84) 3211-3126
Site: www.intercampi.org
Contato: intercampi@intercampi.org

OIC – Organização Internacional de Conscienciοterapia

Fundação: 06/09/2003
***Campus* OIC:** Av. Felipe Wandscheer, 5.935, Cognópolis
Foz do Iguaçu, Paraná, Brasil, CEP: 85856-530
Tel.: +55 (45) 3025-1404 / 2102-1402
Site: www.oic.org.br
Contato: aco@oic.org.br

REAPRENDENTIA – Associação Internacional de Parapedagogia e Reeducação Consciencial

Fundação: 21/10/2007
Sede: Rua da Cosmoética, 1.511, Cognópolis
Caixa Postal 921, Centro, Foz do Iguaçu, Paraná, Brasil
CEP: 85851-000
Tel.: +55 (45) 3525-2652 – Fax: +55 (45) 3525-5511
Site: www.reaprendentia.org
Contato: contato@reaprendentia.org.br

RECONSCIENTIA – Associação Internacional de Pesquisologia para Megaconscientização

Fundação: 02/07/2011
Sede: Felipe Wandscheer 6.200, Sala 104, Cognópolis
Foz do Iguaçu, Paraná, Brasil, CEP: 85856-530
Tel.: +55 (45) 9993-2000
Contato: pesquisologia@gmail.com

UNICIN – União das Instituições Conscienciocêntricas Internacionais

Fundação: 22/01/2005
Sede: Av. Felipe Wandscheer, 6.200, sala 105, Cognópolis
Foz do Iguaçu, Paraná, Brasil, CEP: 85856-530
Tel.: +55 (45) 2102-1405
Site: www.unicin.org
Contato: unicin@unicin.org

UNIESCON – União Internacional de Escritores da Conscienciologia

Fundação: 23/11/2008
Sede: Rua da Cosmoética, 1.511, CEAEC, Cognópolis
Foz do Iguaçu, Paraná, Brasil, CEP: 85853-755
Site: www.uniescon.org
Contato: uniescon.ccci@gmail.com

TÍTULOS PUBLICADOS PELA EDITARES

AUTOR	*TÍTULO*
Alexandre Nonato	JK E OS BASTIDORES DA CONSTRUÇÃO DE BRASÍLIA
Alexandre Nonato *et. al.*	INVERSÃO EXISTENCIAL
Alzemiro Rufino de Matos	VIDA: OPORTUNIDADE DE APRENDER
Ana Seno	COMUNICAÇÃO EVOLUTIVA NAS INTERAÇÕES CONSCIENCIAIS
Antonio Pitaguari / Marina Thomaz	REDAÇÃO E ESTILÍSTICA CONSCIENCIOLÓGICA
Arlindo Alcadipani	ITINERÁRIO EVOLUTIVO DE UM RECICLANTE: AUTOBIOGRAFIA PERMEADA PELA HISTÓRIA DO BRASIL
Bárbara Ceotto	DIÁRIO DE AUTOCURA
Cesar Machado	PROATIVIDADE EVOLUTIVA
Cirleine Couto	CONTRAPONTOS DO PARAPSIQUISMO
	INTELIGÊNCIA EVOLUTIVA COTIDIANA
Dalva Morem	SEMPRE É TEMPO
Dayane Rossa	OPORTUNIDADE DE VIVER
Dulce Daou	AUTOCONSCIÊNCIA E MULTIDIMENSIONALIDADE
	VONTADE: CONSCIÊNCIA INTEIRA
Fernando R. Sivelli / Marineide C. Gregório	AUTOEXPERIMENTOGRAFIA PROJECIOLÓGICA
Flávio Buononato	ANUÁRIO DA CONSCIENCIOLOGIA
	FATOS E PARAFATOS DA COGNÓPOLIS FOZ DO IGUAÇU
Graça Razera	HIPERATIVIDADE EFICAZ
Jayme Pereira	BÁRBARAH VAI À ESTRELA
	PRINCÍPIOS DO ESTADO MUNDIAL COSMOÉTICO
João Paulo Costa / Dayane Rossa	MANUAL DA CONSCIN-COBAIA
Julieta Mendonça	MANUAL DO TEXTO DISSERTATIVO

Julio Almeida	QUALIFICAÇÕES DA CONSCIÊNCIA
	QUALIFICAÇÃO AUTORAL
Kátia Arakaki	ANTIBAGULHISMO ENERGÉTICO: MANUAL
	VIAGENS INTERNACIONAIS
Laura Sánchez	LASTANOSA: MEMÓRIA E HISTÓRIA DO INTELECTUAL E HOLOTECÁRIO DO SÉCULO XVII
Lilian Zolet	PARAPSIQUISMO NA INFÂNCIA
Lilian Zolet / Flávio Buononato	MANUAL DO *ACOPLAMENTARIUM*
Lilian Zolet / Guilherme Kunz	*ACOPLAMENTARIUM* PRIMEIRA DÉCADA
Lourdes Pinheiro / Felipe Araújo	DICIONÁRIO DE VERBOS CONJUGADOS DA LÍNGUA PORTUGUESA
Luciano Vicenzi	CORAGEM PARA EVOLUIR
Lucy Lutfi	VOLTEI PARA CONTAR
Mabel Teles	PROFILAXIA DAS MANIPULAÇÕES CONSCIENCIAIS
	ZÉFIRO: A PARAIDENTIDADE INTERMISSIVA DE WALDO VIEIRA
Málu Balona	AUTOCURA ATRAVÉS DA RECONCILIAÇÃO
	SÍNDROME DO ESTRANGEIRO
Marcelo da Luz	ONDE A RELIGIÃO TERMINA?
Maria Thereza Lacerda	A PEDRA DO CAMINHO
Marina Thomaz / Antonio Pitaguari	TENEPES: ASSISTÊNCIA INTERDIMENSIONAL LÚCIDA
Maximiliano Haymann	SÍNDROME DO OSTRACISMO
Miguel Cirera	EVOLUCIÓN DE LA INTELIGENCIA PARAPSÍQUICA
Moacir Gonçalves / Rosemary Salles	DINÂMICAS PARAPSÍQUICAS
Osmar Ramos Filho	CRISTO ESPERA POR TI (Edição Comentada)
Reinalda Fritzen	CAMINHOS DE AUTOSSUPERAÇÃO
Rodrigo Medeiros	CLARIVIDÊNCIA
Rosa Nader	MANUAL DE VERBETOGRAFIA

Roseli Oliveira	DICIONÁRIO DE EUFEMISMOS DA LÍNGUA PORTUGUESA
Silda Dries	TEORIA E PRÁTICA DA EXPERIÊNCIA FORA DO CORPO
Tony Musskopf	AUTENTICIDADE CONSCIENCIAL
Vera Hoffmann	SEM MEDO DA MORTE
Wagner Alegretti	RETROCOGNIÇÕES
Waldo Vieira	700 EXPERIMENTOS DA CONSCIENCIOLOGIA
	DICIONÁRIO DE ARGUMENTOS DA CONSCIENCIOLOGIA
	DICIONÁRIO DE NEOLOGISMOS DA CONSCIENCIOLOGIA
	ENCICLOPÉDIA DA CONSCIENCIOLOGIA
	HOMO SAPIENS PACIFICUS
	HOMO SAPIENS REURBANISATUS
	LÉXICO DE ORTOPENSATAS
	MANUAL DA DUPLA EVOLUTIVA
	MANUAL DA PROÉXIS
	MANUAL DA TENEPES
	MANUAL DOS MEGAPENSENES TRIVOCABULARES
	NOSSA EVOLUÇÃO
	O QUE É A CONSCIENCIOLOGIA
	PROJECIOLOGIA
	PROJEÇÕES DA CONSCIÊNCIA

Área da Pesquisa:

Este livro pesquisa temas da
Recexologia
especialidade da *Conscienciologia.*

Princípio da Descrença:

"Não acredite em nada, nem mesmo
no conteúdo grafado nos livros
publicados pela Editares.
Experimente.
Tenha suas próprias experiências".

www.ingramcontent.com/pod-product-compliance
Lightning Source LLC
LaVergne TN
LVHW091302150826
845673LV00006B/1513

* 9 7 8 8 5 8 4 7 7 0 0 6 9 *